默默之路
王仁千 著

目錄

我的畫作 4
自序 15
推薦序一：方文山 16
推薦序二：丁曉雯 19
前言 21
第一章 緣起 26
第二章 壓力症候群 38
第三章 脫韁野馬 52
第四章 魔鬼訓練營 80
第五章 社會給我的一堂課 102
第六章 展開自我探索的奇幻旅程 120
第七章 打通任督二脈的戲劇之路 162
第八章 婚姻生活是重生 184
第九章 關於默劇的二三事 202

我的畫作

Julien
2020.

JulienDang
2019.7.22.

JulienDang
2019.07.24

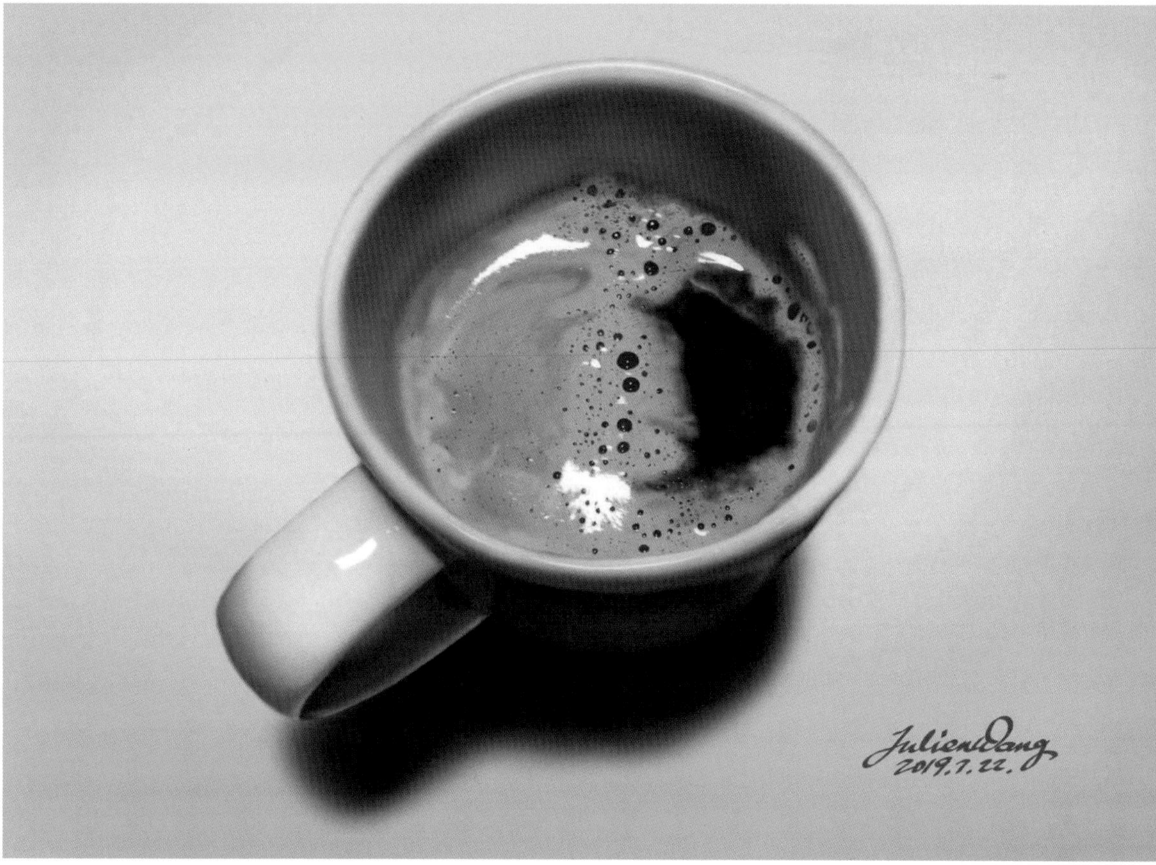

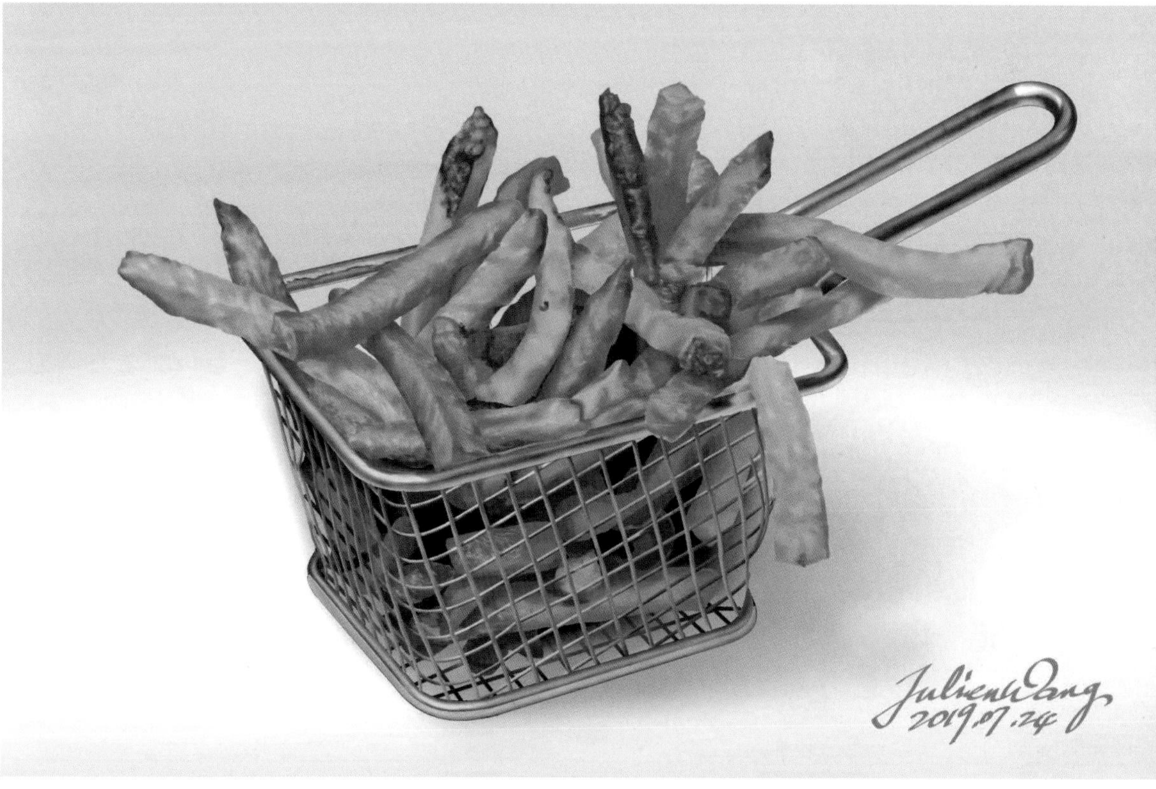

Julien
2020

2018.4.17.

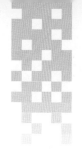

自序

新冠肺炎爆發後，我停止了世界巡迴演唱會的工作，開始埋首作畫，因此我有更多的時間停下腳步審視自己的過往，從第一次接觸默劇開始至今已四十年。這四十年裡，我經歷了許多事，有靈異事件、有對感情的渴望、有自我探索的焦慮、也有精神疾病的困擾。

總編輯問了我一句話：「你為什麼要寫這本書？」

我思考很久，我有很多想說的事，我有著不平常的人生路，當我走完這前半生，回顧過往，才發現所有的事都息息相關。若是我不在小學時就會觀察人事物，我就不會有這麼多的豐富情感來從事創作。若是我沒經歷傷痕累累的情愛，我不會了解家人的可貴。若是我沒有執著地玩起默劇，我就不會創作出深沉又令人覺得幽默輕鬆的劇碼。若是我沒有接觸繪畫，我就不會在巴黎街道上感動而哭泣，也不會在疫情期間，埋首繪畫之中。

我想寫出帶給人啟發的字句，但我只會說故事，那些一則則的小故事，豐富我的人生，讓我的生命與創作有了厚度，我也希望分享我的故事讓大家看見。

對於想從事藝術創作的人而言，不論是表演上，還是繪畫上，都要對於創作秉持著執著與堅持，這本書就是在說明因為豐沛情感，而讓我在創作的道路上，對默劇、繪畫和料理的執著與堅持。

推薦序一

一個有故事的人

方文山／文字工作者、作詞人

「斑馬老師」，我們都這麼稱呼他，一個渾身充滿故事的人。如果說，朋友就像一本一本的好書，那他的生命閱歷，已不是單一書籍所能涵蓋與容納，他比較像一本無從歸類的雜誌，而且書頁還蠻厚實的，也因此，你很難用世俗的框架去定義他，該怎麼說呢？或許我們先從他的愛好與興趣試著聊起吧！因為愛好與興趣是一個人的追求，與自我實現的目標，或許我們可從中以拼圖的方式去了解他，可以這麼說：「他的任何一項興趣都具備職業等級的水平。」譬如，戲劇表演、繪畫愛好、美編設計，甚至是創作的文筆，以及烹煮的廚藝。

這其中，特別是戲劇元素裡的默劇，基本上他已是殿堂等級的大師，而且這本書後面有二十幾頁，被專門用來介紹默劇，言簡意賅，極有系統地介紹，還附上六則他所原創的默劇劇本，可見默劇在他生命中的重要性，因為占比極高。還有繪畫這項所謂的愛好，他所展現出來的，也是師資等級的專業水平。畫家通常有較強與敏感的視覺思維，而他除了敏銳的視覺思維與想像外，畫風與技法還豐富多變，如技術類別上的素描、水彩、油畫、壓克力顏料……對他而言，不過是寫字時，替換鉛筆及原子筆，或者用毛筆等書寫工具，根本就小菜一碟。而畫風派別上的，如寫實風格、工筆畫、抽象派、奇幻畫風等，他也都信手捻來，轉換得毫不費力。因為，單一畫作技法與風格流派，已遠遠無法滿足他想透過視覺創作與這世界對話的企圖，他的情感太豐沛與強大，或著說太脆弱與敏感，腦海裡無限的創意與想法，隨時處於衝撞的狀態，而身體的自我防衛機制，就是讓它短暫地癱瘓，以換取腦細胞休憩的時間，與神經傳遞系統維護的空間。我在想，這或許是他曾罹患精神官能症，或觸及靈異事件，以及他長期須服安眠藥的原因之一。

我們或許可透過斑馬兄的愛好與興趣，從中抽絲剝繭地去拼湊出他這個人，但怎麼幫他設定所謂的人設？其實都是不精準的，都是片面的，遠遠不是全貌，但也因此，這才是他生命閱歷精彩與豐富的地方。他不需要，也不能，或者說不該被定位，他就是這樣，以適合他自己的方式，特別而不重複的，活成一個有故事的人。

接下來，我們回到這本書的內容，當你安靜地細讀這本自傳體的《默默之路》，你會驚訝於他對事物的回溯與記憶能力，對自身過往的人生風景，堪稱如紀錄片般的檔案儲存，創作時還能倒帶回看。透過他的文字描述，可讓你一篇章一篇章地閱讀時，產生影像畫面感，藉由他對人、對事鉅細靡遺的描述，以及質感細膩的文筆，我們可近乎窺探式地進入他的人生，他在書裡如告解般地陳述其隱私，赤裸毫不遮掩，他正用文字在演出他的前半生，也或許，這本書也是他對自己生命歷程的總結與療癒。

《默默之路》是由一個個不同的生活情節所串連起來的人生故事，故事裡的某些篇章，對我們正常人而言，可謂匪夷所思、荒誕不經，譬如他服役時的飛碟事件，休學期間的靈異遭遇，可感觸幽冥空間的體質，他的很多世界，我們都進不去。當然，對於旁觀者的我們而言，反倒有著某種的觀賞樂趣，甚至是興味盎然以閱讀的形式參與他的人生故事。如他自己所說的，這本書裡他想對外界所說的，基本上都涵蓋在以下三大部分裡了：對默劇的執著、對繪畫的熱忱，以及情感上的無知。他這本書裡由情感所串起的一個個故事，有相當篇幅都跟愛情有關，在他每段不同的年齡層，都會適時出現一個特別的女孩，參與他的人生旅程，而這些女孩們跟斑馬兄間也都會留下如小說戲劇般的回憶。

在此，我們也就不劇透，留給讀者們自行去發掘，去感受。當然，斑馬兄最終遇到的真命天女，也就是後來的老婆大人，改變了他的人生軌道，導引他往正確而清楚的道路駛去，再也不暴衝、不停滯。最後，我想說的是，《默默之路》這本書，其內容絕不安靜，也不沉默，相反的，其段落峰迴路轉，篇章跌宕起伏，文字充滿畫面感，情節緊湊，甚至故事還有景深，像一部戲劇張力十足，同時具備黑色幽默的電影，而此刻的你，正即將進入斑馬的文字世界，開始觀賞屬於他的人生風景。

方文山

推薦序二

做一個快樂的自己

丁曉雯／中華音樂人交流協會理事長、資深音樂人

一口氣讀完《默默之路》的書稿，記憶回到了從前……

斑馬老師，我的表弟——王仁千，從小就是個不擅言語、說話有點口吃、個性有點內向害羞的小孩。他是家族中排行最小的一個，因為跟我年齡最接近，兩家住得近，互動往來也較多，他的大哥還是我大學就讀科系大一屆的學長，即使如此，我對他的事知道的並不多，只能偶爾從他母親聊天的內容略知一二：他跟著大哥學默劇；他換了學校改讀復興商工；他想去法國學藝術；他遇上了靈異事件……等等，聽起來像是一個令父母頭疼而叛逆的孩子……這一些都跟我印象中的小表弟格格不入，經過各自忙碌的多年後，再次見到他，竟然是在周杰倫演唱會的舞台上！真是讓我大吃了一驚哪！

看了書，才讓我真正了解他的所思所為——藝術靈魂與社會現實的掙扎；彷彿幻覺幻視的痛苦；情慾的壓抑與不協調；對默劇的堅持與使命感……

我的表弟長大了，成了斑馬老師，身分除了是畫家、默劇演員、舞台劇演員、廣告片演員，竟然廚藝還來湊上一腳！然而這一切的成果都來自他曲

曲折折跌跌撞撞的人生體會。這本書算是自傳吧，或者更精確地說，這是作為一個藝術家必須挖掘與面對的內心，唯有回頭省視自己人生走來每一步或喜或悲或成或敗的意義，才能真正看清這一輩子的任務，才能更無懼地往前邁進！

祝福斑馬老師，我的表弟，在未來的人生裡，無論是演員、畫家或是廚師的角色，都能盡情發揮天分，自在地做自己，更重要的是，做一個快樂的自己。

前言

二〇一三年我意外地接到了一通電話，不知道是什麼案子，製作方也保密到家，就在我去徵選的前三個月，接到一通神祕電話，說是要我介紹小丑，於是我就把我所認識的小丑全部提供給他們，我當然毫不吝嗇地希望我的朋友人人有案子接，但是一個月後，神祕兮兮的電話又來了，說是沒適合人選，於是又要我提供魔術師的資料，然後，一個月又過去了，仍然沒適合的人選，他們再一次打電話來詢問有沒有適合人選，我只好直接問表演內容是什麼？但還是保密到家，不肯說。

那我就說：「不然我去參加徵選吧！這樣我就知道你們要什麼樣的人了，我才能介紹人選啊！」

去了之後，我全身行頭就是標準的白臉與橫格紋默劇服加一頂高禮帽，因為已經是最後一次徵選了，演出迫在眉睫，所以導演說就直接演演出內容吧！當我聽完演出內容時，我就知道了，他們要找的其實就是默劇演員，要像小丑，又要假裝是魔術師，默劇是再適合不過的表演形式了，因此我加入了這個有如大家庭的團隊，周杰倫魔天倫世界巡迴演唱會。

我在演唱會中的角色算是特殊，舞者有同伴，不是一人獨自跳舞，樂手也是有一定的編制，大家都很專業，和聲有三人，大家都不是單打獨鬥，而我，一個默劇演員，就只是一個人，連演出都是一個人。就這樣演唱會的生活開始了。

巡迴當中我因為自己的作息時間實在搭不上其他人，每天早上六點半準時起床，就會利用早餐吧裡現有的食材與佐料自己搭配專屬於自己的早餐，比方說北方人吃的「沙」（鹹粥），是稀飯加上豆腐乳、酸豆、榨菜、蘿蔔乾、香油、蔥花、香菜，有時也會加一匙老乾媽辣椒醬，然後是一大盤的生菜沙拉與水果拼盤。吃完早餐時大約七點多，我就想去市區或景點逛逛，這時間幾乎是沒人起得來，所以我都是獨來獨往的，也習慣了。兩年過去後，終於有一天早餐時，遇見了其中一位男舞者。

他對我提出了一個問題：「斑馬老師，請問你平常沒彩排時都在做什麼事殺時間啊？」

我想了一想，回他：「你要培養第二興趣啊！像我剛開始就是去旅遊，看一些沒看過的景物，然後第二年，我開始畫畫，因為這才是我的本行，所以我想你可以開始尋找或是培養你的第二興趣，來度過漫長的等待時間。」

所謂的等待時間是這樣的，一場演唱會通常是花四天的時間，第一天坐飛機到目的地的城市，第二天下午四點集合去場館，晚上彩排到九點半左右回酒店，第三天下午也是四點才集合去場館，晚間七點到七點半間開始演出到十點半左右，然後回酒店參加慶功宴，這就是我們每次巡迴大概的時間安排，所以想想看，就我那麼早起的時間來看，我有多少時間的空擋，可以做多少的事？

當然，不知道我的建議是否對他有用，畢竟我是一個閒不下來，也很會找事情做的人，沒事我就會拍些演唱會後台的紀錄片或是大家的工作彩排照，又或許自己窩起來畫畫，也可能找一家咖啡館，啥事都不做地消磨時間，或是寫點東西。一下子，兩年半的時間就這樣過去了，我也畫了近百張的畫。

周杰倫魔天倫世界巡迴演唱會於二〇一五年十二月二十日在昆明的演出後劃下句點。這兩年半的時間裡，回顧我的默劇生涯，彷佛一場艱鉅的人生歷練，充斥著迷幻、靈異、心理疾病、感情的、友誼間的，不論是挫折也好，孤獨也好，歡樂也罷，我是一個沒有順遂人生的人，但我很感激我有這樣的際遇，就因為有了這些際遇，豐富了我的生命。

魔天倫演唱會結束後，過了幾個月，新的演唱會二〇一六年六月即將開跑，五月我到二二八公園裡散步，累了就坐在用鋼筋折起的白色公園椅上，風輕輕地吹，太陽讓初夏的氣息有些懶洋洋的，看著樹林間的泥土地，想起了以前在南陽街補習的日子，午休時間念書念累了，就會到「新公園」，就是現在的二二八公園裡，在樹林間表演默劇舒壓，身旁則是兩位復興劇校的女學生，我練習著默劇，她們練習著身段，似乎挺愜意的，記得那時的氣候和現在差不多，也是初夏，想著想著，不禁想起第一次接觸默劇時的可愛模樣。也許從以前就在冥冥之中，注定走上默劇之路！以前曾花了六年的時間探索自己的內心，然後花了十年的時間去探索默劇肢體，而這一切似乎已經成為我的日常，只要一有空就會習慣性地觀察人、事、物，當作是默劇題材，站在幾萬人的舞台上，沒有人會看見台下的艱辛，這些都是必須付出的代價，所謂台上一分鐘，台下十年功。

遠處剛好有一名貴婦在遛狗，仔細觀察著她的姿態，自然而有些捲度的淺棕色頭髮及肩，不時撥弄著頭髮，黑色大墨鏡，合身的短T，破損的牛仔褲，紅色的帆布鞋，有些清新可愛，左手掛著一個小帆布袋，走路一扭一扭的，女人味十足的步伐……這就是我的默劇素材，將所觀察到的映在腦海裡，在腦中彩排個幾遍，這人的形象就成為我的資料庫了，後來我將這名女子加入了我的默劇中，劇名：遛狗。

故事是敘述一名女子在遛狗時，剛開始婀娜多姿，但後來狗卻失控，她幾乎崩潰地想控制住狗，她死命地拉著繩子，怎樣也拉不動她的狗，反而一直被狗控制拉繩子的方向，又左又右地來回幾次之後，狗失控地跳入池塘中游泳，她在岸邊抓著繩子，狗在游泳，但她看起來卻像是在釣魚般地仍拉著繩子，但其實她無力抵抗狗的力量，狼狽不堪，只能任由狗狗左右來回地游動著，她也只好拉著繩子跟著狗的節奏左右來回，後來狗一個跳躍，居然跳太高像是飛上了天，但她仍不放棄地拉著繩子，自己都快被拉上天，腳都快離地了，最後，她終於鬆了手，放棄與狗的戰鬥，讓狗自由了！

以上就是默劇的觀察與運用，從觀察到成為劇本的過程裡必然會加入一些輕鬆幽默的橋段，因為按照我的經驗是：沒人想看一齣悲傷的默劇，然後搞得自己心情低落，因為多半是在街頭演出，所以默劇的內容就必須是輕鬆而有喜感的。

與魔術師周宏約的時間到了，我隨意地在二二八公園池塘邊繞了一圈，再次享受一下春末初夏的暖風餘韻，便前往側門的酸梅湯店，與周宏碰面，一位媽媽帶著兩個小孩迎面而來，看起來是小學生，一個正在吃冰淇淋，另一個在喝酸梅湯，我想起了小時候的光景。

第一章 緣起

第一次接觸默劇

這一切的源頭，要從一九七〇年代的蘭陵劇坊開始說起，當時我只是一個什麼都不懂的小五生，而我的大哥王仁里已經是輔仁大學大眾傳播學系的紅人，當時活躍在學校系所中，台灣第一支ＭＶ就是他率先拍攝的。

當然他在校外的活動也是積極參與，完全可以看出藝術家性格的創作慾望，他參加了蘭陵劇坊，當時參與許多舞台劇的演出，而當年正是整個社會對於表演藝術剛剛興起流行的年代，許多大型劇團如雨後春筍般的竄出，如雲門舞集、蘭陵劇坊等，就是那時候成立的，那時的演出非常著重在肢體的訓練，實驗性質極高，像蘭陵劇坊就引進了日本箱島安大師的默劇訓練，因此他們建立了一套默劇演出的系統以供學員訓練，大學城民歌也是這時候開始興盛。

然而這一切，看似與我無關卻也帶給小五的我無限的衝擊。

一天，大哥回家後，興奮地把我拖入房間，問我要不要看他新學的把戲：默劇，我完全聽不懂他在說什麼？默劇？一個陌生的名詞印在腦海裡！默劇到底是什麼？我一直在腦海中揮之不去的打著大問號。接下來的五分鐘，只見大哥在完全沒用任何道具的情況下，扭動著肢體，手中似有若無的像是抓著一根繩子猛力的拉扯，而後又像是撞上了一面牆，推也推不倒的牆，表演完畢後，我當然是瞠目結舌的拍著手，心中燃起了異常強烈的好奇心。

原來，這就是默劇。

之後，大哥再也沒有機會表演給我看過，也許是太忙了，或許默劇在他來說只是戲劇訓練中的一環吧！沒什麼好炫耀的，對我來說實在是太可惜了。就這樣默劇在我心中種下了一顆微小的種子，我也經常在學校同學面前嘗試著演給他們看，但都以「不像」而宣告失敗，但我覺得有趣且好玩，因此每天放學回家的例行公事就是先做作業，然後看完卡通小甜甜之後，玩著拉繩子的默劇遊戲，累了，就把自己關在壁櫥裡打開手電筒，畫著卡通小甜甜的著色本，至於為什麼要關在衣櫥裡，因為那時覺得小甜甜是我的偶像，我們在做一件非常私密的事，因此躲了起來，我的情感生活也在此時期開始萌芽。

飄蕩的布

一九七五年的春天，發生了日全蝕，有人說是因為宇宙磁場的變異的關係，造成了我的身上產生了一些奇怪的事件，那時我住在新莊，放眼望去是一整片四層樓公寓的大社區，我們家在四樓，五樓頂是一長條聯通各棟公寓的屋頂平台，從平台上可以看見座落在遠方山頂的南亞塑膠工廠，山下則是綿延的稻田。

剛搬去的那段時間裡，我只要經過房間門口，就會看見父母親房內的衣櫥旁，有一片白布像是被風吹起似的飄一下，剛開始我會揉揉眼睛，走進房確認，我跟家人說這件事時，家人都說是我眼花，哥哥還譏笑說這麼小就老花了，所以我也就不太在意這件事。

但接下來的幾年，我卻還是不斷地看見白布或是紅布在衣櫥後方交錯飄蕩著，我開始覺得這已經不是眼花可以解釋的事了，漸漸地我開始相信這是一種訊息，一種想跟我溝通的訊息，但我卻為了無法解讀、與為何沒有其他顏色的布而感到苦惱，但實在是太頻繁，讓我不得不相信我是真的看見了，因為其他家人從未看見過，久了我就接受也習慣了，不再追究。

信差

由於父親工作的關係，五年級我轉學到了內湖國小，和爺爺奶奶同住，是個陌生的鄉下環境（在當時來說還算是鄉下），每天上學都會經過兩旁都是竹林的蜿蜒小路，水溝裡清澈見底，看得見許多大肚魚在裡面悠遊，路面上不時會出現乾癟的小蛇屍體與青蛙屍體，當時的大湖公園還是一個大水灘，還沒開發成公園，有時假日就會與二哥去湖邊用自製的小釣竿釣大肚魚，釣上來之後，再放回去湖裡，是與大都市完全不一樣的自然環境，我只好一切重新開始適應環境。

我在新學校沒遇到什麼談得來的朋友，和我共桌的女孩，有嚴重異位性皮膚炎，她也有些自卑，沒什麼交集，她在桌子中間用粉筆畫了一條線，禁止我越線。所以我下課就安靜的在走廊上看同學在操場上奔跑追逐。

一個月後班上來了一位同我一樣的轉學生，也姓王，我們兩個就會在下課時，構思著離子火箭的構造，他設計結構，我就畫著構造圖，似乎開始熟捻，但當他聽說我喜歡班長時，就開始疏遠我，因為他也喜歡班長。兩個月過去了，我另一邊座位的同學叫何進，個小，有兩個小小笑窩。何進經常對我釋出善意，同我說話，陪我去福利社，也會拉著我在走廊聊天。有次他就問我有沒有喜歡的女生？我說是班長，何進愣，大笑，並無意接下去，只當作是玩笑話而已。何進自顧自的指著隔壁班女孩珮芸。

突然降低音量說：「我好喜歡她，我想和她交往，想約她到我家來玩，你幫我傳字條給她好不好？但是別跟她說是我傳的，就說是有人託你傳字條給她。我想看她表情。」

我知道何進喜歡偷偷看著她，是何進帶我進入這一場窺伺大戲中，我也開始了解他的窺伺樂趣。過了幾天，我拿著何進的字條走過去，何進露出半張臉躲在柱子後面窺探著。我站在她的教室門口，其實是突然忘了女孩的名字，舉起字條看了看，「佩芸收」，我緊張的詢問班上同學哪位是佩芸？她們班上起了點小小騷動，因為大家都看見我拿著字條，這份意圖十分明顯的被誤會成是告白，珮芸出了教室，何進應該聽不清楚我們在說什麼？何進一定是心跳瞬間加速，因為只看見我和她比手畫腳後，然後交出字條。隱約聽見他們班同學之間傳來窸窸窣窣的聲音：「駒！戀愛！」

她在我面前低下頭，雙頰飛紅，把字條握得好緊，我終於看清楚她的模樣，微捲的髮及肩，彎曲的瀏海下露出兩顆圓圓大眼，紅潤的雙頰，可愛至極，活像漫畫裡走出的陶瓷娃娃，讓人禁不住想多看兩眼，難怪何進會如此癡迷。她發現我在端詳著她，頰更紅，嘴角透著掩藏不住的笑意，拿了字條飛快轉身進入教室。何進看著我們，內心澎湃洶湧卻又同時安心喜悅的複雜情緒完全表現在臉上。我才剛走回教室，何進就像是剛獲自由的小魚，以為眼前的小水灘就是全世界，高興地在教室裡亂蹦亂竄。我勉強笑了一下，隨即轉頭看著窗外，一群同學正在烈陽下踢毽子，我並無心感受何進的喜悅，因為不關我的事，只覺得好笑，我想起當時正紅的一首粵語歌，溫拿五虎的〈天才與白痴〉，我的嘴角不自覺地上揚，何進以為我是為他的事而感到開心，他現在滿腦子都是佩芸羞澀頰紅的低頭模樣。

第二天，珮芸沒回應。何進急了，近乎是在質問我，到底跟她說了什麼？我不想理他，因為真的沒跟她說什麼！

第三天，珮芸到班上找我，臉頰一抹嫣紅將回信交給我，她離得好近，幾乎可以聞到她髮上的香氣，我笑著，因為何進居然錯過了應該會讓他興奮到死的時刻，他居然在這重要時刻不在教室裡。

我回到座位上端詳了一下信封，是那種散發淡淡香水味的淺粉紅色。我將信放入何進抽屜。何進回來時發現回信，轉頭對我露出勝利的自信微笑，他並沒有急著拆信，今天剩下的時間他都帶著微笑，不時聞著信封的香氣，他是在延長這種期待的滿足興奮感。這個變態。

接下來幾天，何進每天都帶著微笑上學，估計他還沒拆開信封吧！又過了幾天，他一進教室就塞了淺藍色信封給我，是回信。第一節下課，珮芸不在。第二節下課，她去辦公室找老師。他再也按耐不住，急了。第三節國語課老師點何進起來念課文，他心不在焉地支支吾吾，勉強念完。鐘聲響，何進一把抓住我，將我拉至教室後門，露出半邊臉看著隔壁班，小聲地說：「她在，你快去。」我照辦了。只是……情況有點失控，我才把腳步停在她班上的門口，教室裡就有人大喊：「珮芸，你男朋友來找你了，」然後就是一陣訕笑的起哄。她紅透了整張臉，低著頭快步走向我，站在我面前，我也漲紅了臉，趕緊把信交給她，匆匆回教室。

何進的臉更紅了，是氣憤的紫紅色。這次珮芸很快就回了信，何進喜孜孜的也快速回了信，一來一往，一個學期就過去了，這期間全是我送的信，我也習慣隔壁班老是叫我男朋友，何進也漸漸不在意，畢竟，對何進來說信是他寫的。我，勉強只能算是個信差而已。後來，珮芸來班上，何進又不在。她表明了不是找何進，是想邀我星期日去她家，我張望了一下四周，確認沒有何進的影子，於是點點頭，畢竟後來幾乎每天當信差碰面，而且早已彼此產生好感，我看著她回教室的背影，黑色裙下露出兩條細白粉嫩的雙腿，我想起二年級的小芬。

星期日，我依約前往，珮芸說父母都不在家，就牽著我進房間，細嫩柔軟暖暖的小手，我的心怦然作響。女孩的房間，對於我來說並不陌生，以前三年級常去彩晶家。但這女孩的房間，讓我感受到的卻是另一個世界。不是公主的驕縱、不是灰姑娘的貧乏，而是滿滿書櫃的房間。整齊的書桌，抽屜不時會飄出香水信紙的氣味。乾淨米白色床單，枕頭旁放了只絨毛娃娃。素淨得可怕，但舒服。珮芸要我坐上床，並肩靠著牆，她介紹著最喜歡的書，聽著她最喜歡的音樂。她念著歌詞，跟唱著。我無心地聽著，只感受到她衣下透出微暖的體溫和髮香。我無心於她分享的書裡乾坤，只想著怎麼對何進交代？這是一道越想越無解的習題，我放棄了思考。我下定決心，認真地看著她，說出了實情，信不是我寫的。女孩看著我，突然大笑，笑彎了腰，我不解，皺著眉。女孩擦乾笑淚說早知道是何進寫的信，只是不想拆穿他的愚蠢遊戲，把何進當筆友還不錯。我突然頓悟，原來在這感情的遊戲中，她才是主角，她掌控一切，我只是誤打誤撞地占了一席。這算戀情嗎？我懷疑。

後來她寫了封信給何進。跟他說有他當筆友真好，而且要跟他分享自己戀愛喜悅之類的事，真是夠殘忍惡毒。何進收到信後，徹底崩潰，上學時臉臭到不行。何進並不知道珮芸指的戀人就是我。我們一直隱瞞著何進，也許是偷情的快感吧！但小五生哪裡懂？

六年級又因為父親調職，我又再次轉回新莊國小，也與他們都斷了聯繫，不知接下來他們的劇情是如何發展？

小學畢業典禮時，我的紀念冊，留著許多空白。我不喜歡找人簽名留言，因為空白裡盡是溢出的回憶……

是珮芸甘願付出的情愫……

是對朋友的背叛……

小學對我來說，發生了太多事，以至於讓我無法好好的面對情感、友誼與課業，我開始變得孤僻安靜，想要遠離人群。

二二八公園繼續吹著暖烘烘的微風，和魔術師周宏各自買了一袋酸梅湯，用吸管喝著。我們找了一個可以坐下來輕鬆聊天的地方。

周宏問我：「最近在忙什麼？」

我回：「就演唱會的事！」

他看出我的欲言又止，繼續追問：「演唱會還好吧？」

我回：「演唱會是還好，對我來說比較困難的是跟人的相處，因為以往都是一個人自己演出，不太有機會跟一大群人合作，所以對我來說與人相處是辛苦的。」

周宏問：「怎說？」

我回：「因為每個人的個性都不同，要想辦法去應付每一種個性，想到就覺得累，比方說：有人喜歡喝兩杯、有人喜歡玩撲克牌、有人喜歡狂歡到通霄、有人喜歡看電影、有人喜歡約粉絲吃宵夜，林林總總的各式人生，每個人都在寫著自己的人生軌跡，而我似乎怎麼也搭不上他們的車，只能在一旁觀看著，當然，我也在寫自己的人生，但看起來就算是這麼多人，也似乎沒什麼交集可言！」

周宏回：「為什麼一定要有交集？你過你的、他們過他們的，不一定需要有交集啊！」

此時我才恍然大悟，是啊！為什麼一定要有交集，為什麼一定要配合其他人做自己不擅長的事？就做自己吧！

畢竟默劇的道路上，一直都是我自己一人，那為何現在不行？

一群中學生鬧哄哄地經過我們身邊，滿身的汗酸味兒，高談闊論著交女友的事，邊談邊嬉鬧著，我和周宏兩人互看一眼，笑了。就算時代已經變了，中學階段的孩子仍然處於對異性的好奇，這可勾起了我國中時的往事。

第二章 壓力症候群

一九八一年，世界上發生許多大事，美國太空梭哥倫比亞號發射成功，全世界的第一台個人電腦由ＩＢＭ製造生產、黛安娜嫁給了查爾斯王子。而我小學畢業升上國中後，念了新莊私立恒毅中學，其課業壓力奇大無比，考得不好要打屁股，上課不專心、說話要打手心，我根本沒空理世界情勢，所以我只能靠著中午吃飯後的十分鐘休息時間和同學拿著樹枝在校園花叢中大力揮舞著，尋找白粉蝶的蹤跡紓解壓力，當然現在看來是極其殘忍的一件事。

當時在恒毅中學念了兩年後，實在無法承受，就轉去新泰國中，但在恒毅的那兩年，學校裡發生了幾件事，因為是和尚學校（全是男生的關係），所以大家對性都有某種程度的衝擊與好奇，又因為學校的女性只有老師，所以這份好奇心就全轉往會穿裙子，比較好看的女老師身上了。

心理輔導老師

當時每天放學是必須在學校餐廳用餐，然後再參加晚自習，而我們班晚自習的老師通常是心理輔導老師，她大學剛畢業，還帶有一絲青澀，剛來學校時就注意到她，我覺得她是全校最美的女老師。而晚自習時間她並不負責教導我們功課，所以她經常會需要回辦公室去拿文件來辦公，但自習教室與她的辦公室有點距離，必須橫過整個漆黑的操場，她當然也有耳聞偷拍事件，所以她也非常小心，每次去辦公室都會找我陪她一起去，久了之後，她會緊握著我的手橫過完全沒有燈光的操場，再爬上四樓的辦公室，然後再次橫過操場，回到自習室。

這天，她又牽著我，像是壓抑著什麼似的，緊抓著我的手，平常我們的話並不太多。

這天我卻問了她：「老師，今天怎麼了？」

她輕聲地回：「我男朋友的家人不喜歡我。」

我也只能回了一聲：「喔！」

老師說：「沒事啦！跟你說這個也沒用！」

我嗯了一聲，握著她的手繼續走向操場盡頭，我們一起上了四樓後，她要我在門口等她，我就站在門口看著老師的背影，長長的捲髮散發著青春的撫媚。

我問了一句：「為什麼他的家人不喜歡妳，妳那麼漂亮！」

老師依然背對著我，手上整理著學校文件，像是沒聽到似的，但我隱約看出老師的肩膀抖動著，是在啜泣，老師傷心著，我卻無能為力的只能看著她姣好的身形。回自習室的途中，老師挽著我的手，胸部貼得緊緊的，鼻腔裡全是老師的香氣，我羞紅著臉回到自習室，這是她最後一次的身影。

從那天之後，沒再見過她，聽說是辭掉了老師的工作，結婚了。也有傳聞說她自殺了。傳聞畢竟是傳聞，久了就會被遺忘，但我仍然記得那一天老師身上的香氣。

第一次看見不明飛行物

國二時，一樣是在晚自習時間，我那天選了靠窗的位置，因為是夏天，晚上還有些悶熱，於是我開了窗；當全班同學都低頭看書寫作業時，我抬頭仰望著星空，密密麻麻的星星，我正覺得奇怪，今天怎麼這麼多星星時，星星開始慢速地移動，我揉了揉眼睛，再一次看清楚，是真的在移動，光點慢慢匯集成巨大膠囊型，光點變成了線，線集合變成了面，並不時有光點分離，飛進飛出。

我看傻了眼，興奮地想大叫，轉頭卻發現大家都埋頭做作業，原來只有我看見，我心想：「母船？是艘母船嗎？」

我再一次轉頭看著老師與同學時，全班居然出奇地安靜，馬路上的車聲也消失無蹤，我被一股奇怪的隔離感籠罩著，我再次抬頭看著不明飛行物母船的飄移時，光點瞬間以極快的速度散開消失在夜空中，我又回到了現實的吵雜氛圍空間裡。

看著班上同學，我驚喜於只屬於我自己的小祕密裡，沒有人發現。

我和魔術師周宏離開二二八公園之後，沿著忠孝西路一直到國父紀念館側門的麥當勞，各自點了一杯咖啡，回想著以前合作的案子，將他的魔術用無聲默劇的形式相互交融的演出，也算是跨界融合，兩人笑著回憶當初。

周宏是我在整個默劇生涯裡最重要的朋友與心靈導師。剛開始是我私下開了一門默劇訓練課程，自己印ＤＭ，劇團的朋友就幫我把ＤＭ放在誠品與各個小劇場的櫃台，一個月下來，共招收了八位學員，周宏是其中一位，這就是我們結緣的開始。

後來我們走到國父紀念館的廣場，這兒曾是我最常做街頭演出的地方，我拖著超高重低音的巨大音響，拿起事先做好的Ａ４紙牌，紙牌上寫著我接下來的劇碼，不發一語，演著我的默劇；然後是默劇即興演出登場，我拿出事先準備好的三個籤桶，一個是裝滿幾十種的情緒籤桶，第二個是擺滿各式場景的籤桶，第三個則是音樂籤桶，當時我會準備十張ＣＤ，每張各十首，由觀眾抽籤，各抽出一張或是兩張情緒、一個場景、一首音樂，然後音樂一下，隨即開始演出。演完卸完妝，會到延吉街巷弄內的普羅咖啡館喝咖啡，那時正是我剛從巴黎回來的日子，現在想起來是愜意，但當下卻是現實的煉獄，因為心境不同，世界也跟著改變，其實改變的是人心，而不是世界。

二〇一六年六月，新的周杰倫地表最強演唱會開始緊鑼密鼓的排練，樂團、和聲、舞者都各自忙各自地排練，我則是飛到廣州去彩排吊鋼絲，是在空中演默劇的戲碼，我從來也沒想過會在空中演默劇，還好平時把核心肌群練得夠強健，才不至於在空中倒頭栽，回來之後約了我另一位好友Eric。

和Eric找了一家有露天座位的海產小吃店，兩人正聊著，一位男子經過，突然叫了我的名字。

他問：「王仁千？你是王仁千吧？」我看著他，覺得有些陌生，但他身上的氣味感覺很熟悉。

我回他：「是啊！請問你是？」

他說：「我是你國中同學啊！你不記得了嗎？新泰國中的！」

我回應著他，喔了一聲，我想起來了，就是當時國中班上的幫派分子之一，他身上有種濃濃的土味。

我問：「你現在過得好嗎？」

他搖搖頭：「我很後悔當初國中時沒好好念書，高中念了五年，都可以念五專了！」他自嘲著。

我問：「那後來呢？現在在哪工作？」

他說：「我在工地打零工，蓋房子。」

我說：「喔！那也不錯啊！我也是接案子的，有一頓沒一頓地過著日子。」

他忽然眼睛睜大地說：「你應該比我好太多了吧？經常在電視上看到你，你演的廣告都好好笑。」

我說：「還好啦！只是一份兼差的工作而已。」

後來他說他還有約就先離開了。

Eric問：「他是你國中同學喔？」

我說：「是啊！就是當初在新泰國中時，打我的那一個。」

Eric點了點頭，若有所思，我就告訴他我在國中時發生的事。

用拳頭交朋友

念完恆毅中學兩年後，因為壓力過大無法承受，所以轉往一般的中學就讀——新泰國中，但是因為三年級才轉學，只能念學校的放牛班，一到班上我立刻看出有一班人馬是混幫派的，共十五人自成幫派。

開學第一天，就因為換座位問題，被其中一位在喉嚨上打了一拳，我當時也夠大膽的，我就跟他說要和我換座位是不是要先跟老師說，才剛說完就被打了。

我接著說：「那就來換啊，你喜歡窗戶邊的位置，剛好我不喜歡，這座位就讓給你好了，若是你不敢跟老師說，我幫你去說，你剛剛白打了我一拳！」

說完後，他們似乎不知該作何反應地看著我，之後開始對我心生畏懼，因為我也沒講錯，他們不知道我的底線在哪裡？居然敢回嗆他們。

國中三年級是我最辛苦的一年，不但要幫他們作弊，還要提防突如其來的一拳，還要照顧好自己快要崩潰的情緒與身體流竄的一股莫名能量，我不知道那是什麼？只能默默地承受著，默劇與對感情的好奇，對我來說已經不再重要，課業與同學之間的壓力已經讓我喘不過氣，哪來的時間管默劇或是感情的事？我就這樣壓抑著，一天過一天。

開學後沒多久，班長說全校每一班都要參加教師節海報比賽，正因為我是班上菜鳥，所以這些雜事瑣事全丟給我，大家也毫不在意我的壓力，但繪畫對我來說是快樂的，才稍稍紓解了我的壓力，我抓住機會用廣告顏料在粉紅色的壁報紙上畫了一支寫實的蠟燭，並加上一排美術字：教師節快樂。

就這樣，居然全校第一名。

也許是訓育組長看見了我的潛力，因此開啟了我的繪畫之路，海報比賽之後，經常叫我去辦公室，幫她處理一些有關美術的雜事與文件，我也樂在其中，因為下課時不必再看同學臉色。然而在教師辦公室裡，遇見了一位顯然比我大很多的同年級學生，一開始我以為他是留級生，後來才知道他的真實身分，是那個年代政府安插在每一個國中的關鍵細胞（職業學生）。我知道你一定會問什麼意思？說穿了就是把特種部隊的人，安插在學校裡（那時還是戒嚴時期）。

有一次去他家玩，他問我要不要加入他們？

他說：「我們會先去受訓，受訓的內容就是如何開坦克、如何撬開一般汽車的鎖、製作簡易炸彈，然後是各種武器的運用，還有就是空襲時，如何引導學生老師去避難，訓練完了之後，會被派去指定的學校就讀，一年輪調一個學校，搜集那所學校的情資，看看有無共軍或是反叛分子的滲透。就這樣，你有興趣嗎？我是專門吸收像你這樣特殊的人，你願意嗎？」

我有些擔心地問：「我已經知道了你的祕密，如果我不參加的話，你該不會殺了我吧！」

他卻大笑回應著我。

我確實是有那麼一些些心動，但我遲疑了，我不想念好幾次的國三，也不想進入國家的情資單位，我只想快快畢業，脫離這個三年級的苦海而已，但也許去了之後，我的人生就會全變了樣，人生不就是在許多的抉擇中度過嗎？

戀姊情節的幻滅

那個時期我每個星期日都去天主教堂，不是因為虔誠，不是因為贖罪，而是因為青年會裡有許多大姊姊。王姊就是其中一位，輔大應用心理系一年級，短髮，滿臉的青春痘，很難不去注意到她。青年會裡很少人找她說話，大家開玩笑說因為她是念心理系，三兩句話就會被她知道底細，被抓去當心理研究對象，大家笑鬧著離她遠遠的。我感覺出是他們毫無自信地可以面對與接受她臉上的痘疤。我看見的卻是她的溫柔，聲音細如髮絲，有一顆溫暖彈指即破的心。我疼惜王姊，王姊也瞭，所以就經常帶著我，接觸越來越多，我也就經常窩在她家，一起聽歌、一起逛唱片行買錄音帶、一起看電影、一起吃飯、一起聊心事，王姊姊抱著我教我跳舞，我們感情越來越好。

有次約好到她家接她再一起出門，我進了她的房間，王姊還沒決定穿什麼衣服，衣服幾乎已經鋪滿床了。

她說：「你幫我選吧！」說完褪去上衣，倆人像是玩著辦家家酒，毫無忌諱，毫不隱藏，我看著只穿白色內衣的王姊，怦然心動，美麗極了。我看著她穿上自己為她挑選的衣服，居然有種情侶的幸福感。然後我們去看畫展，其實是去見她父親。她跟父親介紹我：「這是我的小男朋友。」她父親先是愣，而後大笑。她父親知道她是在開玩笑，只有我不知道。

王姊越來越了解我，鼓勵我畫畫，也當我的模特兒。也不知為什麼？王姊臉上的痘疤越來越少，氣色越來越好，我們相見的時間也跟著變少，直到已經可以看出她原本白淨的皮膚後，一切都變了樣。

終於，學期結束了，下學期要開始製作畢業紀念冊，因為學校忙碌起來，也很少去找王姊了。經訓育組長的推薦，要我設計畢業紀念冊的封面，美術老師大力贊成，所以下學期一直都忙於設計封面，甚至包括整本書的編排參與，我也沒時間多想要念什麼高中，糊里糊塗地就要畢業了，也參加了聯招。考完沒多久，訓育組長主動幫我報考了單獨招生的復興商工美工科，那時我根本不知道這所學校，美工科？是在學什麼？我也全然不知，也沒正式學過畫，就這樣美術老師讓我去上了一堂免費的課程，然後我就去考了。

學科術科居然全過，而聯招成績很不理想，是考上復興工商，這還真有趣，一個是復興商工，一個是復興工商。我當然是去念了復興商工美工科，此時對未來並沒有太多的想法，有學校念似乎就不錯了。

考上復興美工後，就在國三畢業的那個暑假，我去找王姊，想告訴她這個好消息，但她總是不在，就算在，也只是在二樓陽台上對我揮揮手說有事要趕著出門，就不聊。暑假的最後一星期，我遠遠地躲在她家巷口的電線桿後方，想等她出門，想多看她一眼。王姊終於出現，臉上的痘疤已經全然消失，露出可愛的臉，燙了髮，化了淡妝，我欣喜地跨出一步，正要舉手打招呼時，她卻突然一個轉身，抱住一名正從她家離開的男子，她抱著他，他環摟她的細腰，兩人熱吻著。

我漲紅著臉，再也跨不出一步，我像是僵化掉的石像，血液直衝腦門，然後就心碎了。

國中三年，就在灑落一地初秋的蕭瑟裡，結束。

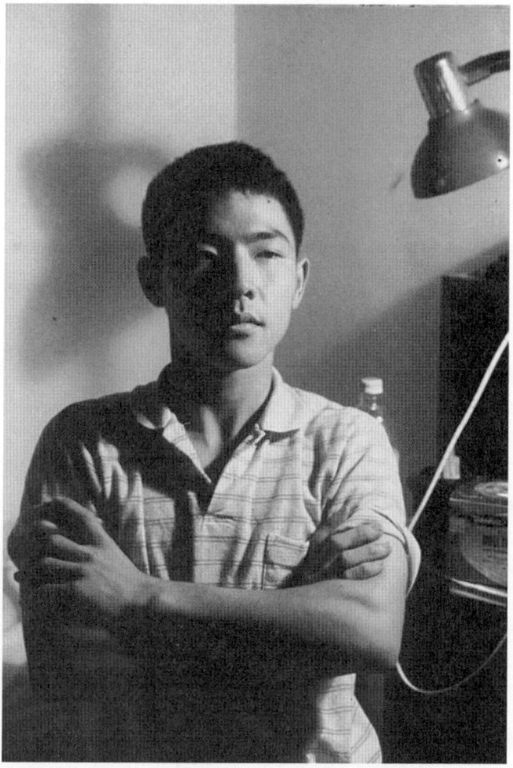

第三章　脫韁野馬

一九八二年高中的我像是重獲自由的野馬，一年級就參加了學校裡最活躍的話劇社，老師第一堂課就告訴我們什麼是自己的演出風格，這可把我們這些新生弄得越來越找不到方向，因為根本還摸不清戲劇是什麼？哪來的風格建立？那時話劇社裡有許多「較為女性化的男孩」，他們活躍在舞台服裝設計上，在表演上也很突出，正因為他們的「女性陰柔面」經常反串，而全校就會為之瘋狂吶喊，他們也毫不在意地展現自己的那一面，我跟其中幾位比較熟。

有一次，社團演出前，換衣服的時候，我瞄見了其中一位「較女性化的男同學」的手肘上滿滿的一個圓圈一個圓圈的傷疤，我看了一下，他趕忙用衣服遮住。

我問：「這是？你怎麼了？」

他說：「這些是菸疤！用香菸燙的。」

我也沒再多問，由他的眼神可以看出一絲壓力與落寞，當時那個年代的同性戀是辛苦的，並不被社會所接受。

那時的復興美工對於繪畫的訓練更是嚴苛，幾乎是用盡了所有的羞辱方式，逼得你練基本手繪功夫，還記得基本設計老師出的作業，一張西卡紙上畫一個十公分正方大小的範圍，用點點滿，每一個點間隔〇．一公分，不能有誤差，稍稍有偏移，那一塊就會特別黑，然後就當著全班的面撕掉，丟在你臉上，一句話：「重做！」幾乎是盡其所能地羞辱你，然後就要趕著重做到半夜三點；正因為如此的嚴苛，因而造就了我們的基本工各個都精細無比，素描水彩更是要求之高不在話下，因而影響了我的未來，除了默劇，也走向繪畫之路的原因，也正因為繪畫課業過於繁重，也就想找到讓我得以稍稍解脫的方法。

時值當年正流行霹靂舞，全校瘋狂地練習，我當然也是其中之一，但我怎麼練就是練不起來，直到有一天看了一部ＭＶ，舞者加入了默劇元素與太空漫步在舞裡，於是當年小五時的默劇記憶被喚醒了，我開始狂練默劇，拉繩子、摸牆壁，光是這兩個動作就練到逼真為止，然後在學校的一次公演裡，全校啞口無言，而後爆出熱烈掌聲，我才知道，這兩個動作我練成了；然而並沒有為其他同學帶來模仿的風潮，剛開始大家只是覺得好玩偷偷學，但是後來發現實在太困難，以至於大家都放棄了，只剩我一人獨自繼續自我訓練。訓練的過程是辛苦的，在課業緊迫逼人的同時，還要空出時間對著鏡子揣摩，做著各種奇怪的姿勢與表情，完全就像是個瘋子，而心理的壓力也越來越大，大到連默劇也變成一種無形的壓力，而無處宣洩的壓力漸漸轉為對於女孩的渴望。

初體驗的悔恨

隔壁巷子口有一位女孩叫小郭，與我同年，念的是五專，跟她認識也兩年多了，經常到我家玩，那時我是住在頂樓加蓋的小房間裡，有屬於自己的空間，我經常彈著吉他，她唱著民歌，就這樣度過一個週末的下午；晚上九點多，她忽然說要來找我，我也沒想太多，就答應了。那時是住在五樓，加蓋的房子外有一個小庭院，我們就肩並肩地看著夜景，一句話都沒說，我看出她的欲言又止，我用右手摟住了她，溫潤的體感與香氣刺激著我的生理，從她肩上就可以感覺出她的心跳加速，她開始喘氣，我還是默默地摟著她，當開始察覺我倆之間好像產生了什麼莫名的變化時，她突然發出一聲嬌喘，而後用氣喘吁吁的聲音撇過頭去說：「我要回家了！」我看著她匆匆離開的身影，右手掌上還留有她的餘溫，當下只有悔意，想伸手抓住她，卻邁不出步伐，我尷尬地笑了，我居然笑了，也許是因為我的無知而無法察覺她流露出的情感，在悔恨之外，我開始注意到觀察的重要性，開始學習觀察身旁周遭的人、事、物。

為了忘卻感情上的不堪，我還是將生活重心擺在演戲上，在學校的演出中，我就會偷偷加入觀察到的元素，進而轉化成默劇動作，盡快地讓肢體的默劇韻律隨著時間的流逝，將動作內化，記憶在肌肉當中，當時發展了坐空椅子、坐空椅子並翹腳、關門開門等的動作，並且隨時觀察日常生活裡的動作，我依稀可以感覺這就是我最愛做的一件事。

雖然當時的復興美工課業壓力極大，每天都幾乎熬夜到三點，但是因為年輕，以為還可以負荷得了，沒想到在一年級快結束的時候，我還是找不到紓解壓力的方法，默劇並不足以紓解我的壓力，於是我將絹印用的劇毒化學藥劑重烙酸氨加在咖啡裡喝下肚，我昏迷了，我終於承受不住壓力，所以家人決定讓我暫時停下腳步，休學一年。現在想起來，那是完全不值得去嘗試的一件事，因為所有的問題一定不會是只有一種解決方式，只怪我年輕，見的世面不夠廣，因此看待壓力這件事也變得偏差，不夠客觀，但正因為這樣，我寫了一齣關於自由與死亡的默劇戲碼。

故事是這樣的，一個人在無法承受感情、友誼、課業壓力的狀況下，他以為的自由就是離開人世，其實那是逃避，他從口袋抽出一把刀，刺向自己的胸口，剖開胸膛，將自己的心拿了出來，輕輕地撫摸著受傷的心，然後將傷心與自己的屍體拋向天際，他看著自己的屍體，然後落下一滴淚珠，才發現，其實可以有更好的方式對待自己，於是他從夢中醒來，繼續過著他應該過的日子。

這故事的背後隱藏著的含義是，不要輕易地去做決定，你其實可以選擇善待自己。

休學的這一年間也沒閒著，到地球村學美語、在畫室加強繪畫能力、勤練默劇基本功，在當時，以為虛度了一年，但現在看起來，是正確的決定，因為這一年，英語的會話能力加強了許多，也因此奠定了往後去巴黎念書時的基本溝通。除了英文之外，在默劇上也有很大的進步，例如：拿杯子、淋浴、在澡盆裡洗澡、煮咖啡等的生活動作，都是這時期發展出來的默劇動作，當時隱約覺得默劇是一連串的精準動作組合而成，有點像是現代舞，但後來才知道當時的想法是錯誤的，默劇絕對不只是一連串的精準動作組合而成，而是用肢體說一場故事、一個信念、甚至是一個想法。巴黎留學回來後，我才證明了這一點。

在這一年間，發生了一件怪異的事件，因為當時的公寓式房子頂樓是互相連通的，而我又是住在頂樓加蓋的房子裡，房子兩邊只有矮圍牆隔開，所以隔壁樓梯間的聲音聽得一清二楚；就在一個夜晚大約十一點多時，我聽見隔壁的樓梯間有發出聲響，於是就過去看看，才一推開隔壁樓梯間的鐵門，就看見一位長髮且全身黑衣的年輕女孩坐在樓梯間，我嚇了一跳，千思萬緒湧上心頭，但還是鼓起勇氣問了她。

我問：「小姐，這麼晚了怎麼不回家？一個人坐在這裡。」她只是稍微轉了一下頭，並沒有回答我，我走到她身旁坐下，靠她很近，心中有一點興奮，我問她是不是心情不好？她也沒回答。

我再問：「妳住在這裡的四樓嗎？」她點點頭。

我繼續追問：「妳是沒帶鑰匙嗎？」她又點頭。

我好奇地追問下去：「是不是這麼晚了不敢按電鈴？怕吵到家人？」她仍然是繼續點頭不發一語，我就這樣唱著獨角戲，我突然一股衝動想看清楚她的臉，也許是樓梯間太暗，我始終看不清她的臉，只是一團模糊的黑，兩隻眼睛卻是雪亮地望著我，我皺了一下眉，突然有一種詭異緊張的氣氛，於是我的興奮消逝了，跟隨而來的是莫名的恐懼。

於是我說：「妳在這裡過夜會著涼，我回去幫妳拿棉被與毯子，妳可以在這裡躺一下。」所以我就拿了棉被過來幫她鋪在地上，然後就回去睡了。

第二天一大早，我又來到樓梯間，棉被與毯子都沒動過，當然也沒有女孩的影子。

原來以為是鬼遇，但這卻是我失憶的起點，往後的三個月我完全不記得我是怎麼過的，我開始有記憶是看著四位神父壓著我的四肢，我掙扎著，另一位神父則念著拉丁文，一邊對我撒聖水，我知道我發出了另一個人的聲音，然後那個人的聲音漸漸變得虛弱消失，我開始大哭，而後漸漸平息。

事後，媽媽告訴我這三個月，我突然像是變了一個人，個性表情都變了，媽媽感到害怕，於是找了當神父的舅舅幫忙，神父和我聊了一下覺得我有異狀，應該是被附身了，於是請了羅馬的驅魔神父，幫我驅魔，神父問我三個月前是不是有遇見什麼奇怪的事或人，我就說了樓梯間女孩的事，神父說那是撒旦的化身，幸好你沒對她做出什麼舉動，還善良好心地為她準備棉被，所以她沒真正地加害你，只是跟你開了一個小玩笑而已。小玩笑？喪失三個月的記憶加變了一個人，還附身，居然只是小玩笑？每當回想起這段，還是會毛骨悚然起雞皮疙瘩掉滿地。

一年很快就過去了，畢竟是少了三個月的記憶，復學後，念的是留級班，那倒是無所謂，就像國中時期那樣念放牛班，可能已經習慣了吧！復學後，英文每次都滿分，成為小老師，話劇社也因為我會默劇的關係，受到熱烈的歡迎，課業也因為一年級的嚴苛與這一年來畫室的訓練，變得已經可以應付自如。

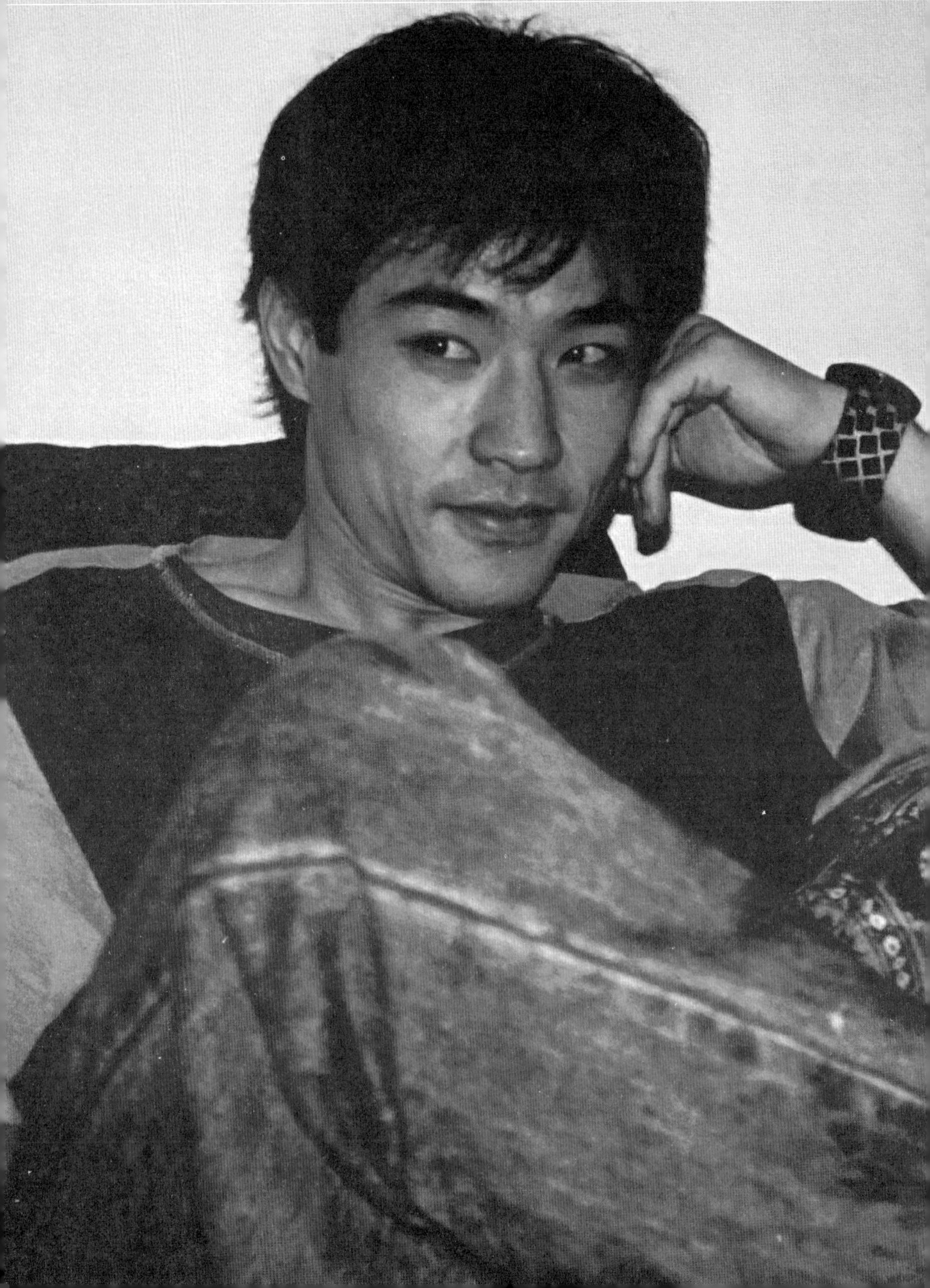

白色光芒

再回去讀高一時，有一種親切感，好不容易剛上軌道，卻又發生了一連串讓我措手不及的事。

一個星期日下午，我坐在客廳地板上抹著鞋油擦皮鞋，突然一股寒顫，從尾骨直衝天靈蓋，我眼前一黑，向後倒，頭撞到了地，卻不怎麼疼痛，我還感覺得出來我的左手插在皮鞋裡，右手拿著沾滿黑鞋油的刷子。

我心想：「這又是怎麼了？夢魘嗎？不對啊！我又沒在睡覺，怎麼會是夢魘？」

我眨了眨眼，眼睛是睜開的，慢慢的，我看見一團異常舒服的白光出現在我眼前，籠罩著我，讓我舒服地覺得想跟著它去的感覺。突然間，地板開始震動，巨大的震動，像是有成千上萬的人，從我爸媽的房間竄出，進入我的房間，再從我的房間出來，進入廚房，感覺他們的腳就在我的頭頂邊走過，我只能收拾起驚嚇的心，心想：「既然如此，那我乾脆閉上眼睛睡一覺好了！」

才剛想完，一眨眼，我看見了天花板，震動也瞬間停止。我爬了起來摸摸後腦勺，不痛也無感，我繼續擦著皮鞋，做著一切我正在做的事，我也不想深究，也不知該用什麼態度去面對這奇怪的事件。

黑色迷霧

先說說我在新莊住的頂樓加蓋環境，以前的公寓頂樓是全部連通的，可以從自家的樓梯上到頂樓後，再從隔壁棟的樓梯到一樓。所以我們家頂樓加蓋後，就築起了兩道矮牆，每道圍牆外鄰居各養了兩隻大狼狗，牠們很溫馴，我曾偷偷翻過牆與牠們玩耍，這次的事件跟這四隻大狼狗息息相關。

高二時，由於趕作業太累，房間燈沒關，門也沒關，就昏昏睡去，夜裡，我突然被巨大的尖叫聲驚醒，定睛一看牆上的時鐘，是午夜三點整。我還在昏沈的狀態中，突然一種未知的感受觸動了我的雞皮疙瘩，我緊張得不敢動，似乎是一種意識流流經我的全身，我緊握雙拳坐在床上，驚恐無可言喻，房子右方圍牆外的狼狗，突然像發了瘋似地怒吼，猛力拉扯鐵鍊的聲音逼得我汗流浹背，全身的毛細孔都張開了。

不知過了多久，狗突然停止了叫聲，我感到有一團黑黑的東西，翻過圍牆，來到我的窗前，我只能低著頭顫抖著不敢看，眼睛直視著雙腳，緊張得動彈不得，過了一會兒，那團黑色迷霧般的物體離開了，然後朝著房子左方翻牆而去，才一翻牆，換成左方的兩隻大狼狗狂吠，我直覺是真的有東西在移動，而我仍然不敢動、不敢眨眼，直到狗吠聲消失，才趕快去關了房門，回到床上，燈也不敢關，就這樣一直睜著雙眼到天明，而後去上課。

對我來說，已經太多次這種無關緊要的靈異事件，幾乎是要習慣了。

如夢似幻的一夜

十月，微涼的空氣。回家的公車上，再度擁擠。

我的畫袋顯得巨大而突兀，終於在公車上找到空間站定下來，右邊站著的是位長髮女孩，左邊是位西裝挺得像鋼版漿過的上班族，像復活島的雕像。公車晃了一下，滿車的人像水草，隨潮汐不自覺地向同一個方向擺動，我手臂碰到了女孩的胸部，我禮貌性地說聲抱歉，女孩抬頭看我，再把眼光移向畫袋。

她問：「學畫的？」我點點頭。

她繼續說：「我都沒認識學畫的，我是東吳日文系的，下站下車，你有空嗎？要不要來旁聽。」

我仔細地端詳女孩，黝黑的古銅色皮膚，不像是刻意曬的，長直髮及腰的柔順，雪亮透著毫無忌諱的大眼，挺翹的鼻，粉桃色的唇可以看出細緻油亮，白T，牛仔褲，Converse 黑白鞋，身高約一五〇公分，全身散發狂野的誘惑。我對大姊姊並不陌生。

我問：「高中生可以去旁聽嗎？」而後笑著。

她微笑點點頭：「高中生去旁聽的話，一定會在我們班造成轟動。」而後爽朗地笑出聲。

我也笑著點頭：「好啊！去嚇嚇教授和妳同學吧！」

我跟著她下車，女孩挽著著我走向教室。東吳城區部的教室在籃球場後方，必須橫過，我想起國中心理輔導老師的依偎。兩人邊走邊聊，女孩雪白的牙齒露出喜悅的笑。進入教室後，果然全班投以好奇眼光，大概是畫袋太過顯眼突兀，而且穿著紅外套制服，女孩說別理他們。教授進門，劈頭就說，今天居然有高中生來旁聽？我的課就這麼受歡迎！然後自顧自地大笑著；是教授的無聊幽默與過度自信，我倆互視偷笑。課快結束時，女孩幾乎是靠在我肩上聽完課。我的魂早已飛出教室，不知到了哪個幻想國度裡。

女孩問：「等一下送我回家好不好？」

我問：「你住哪？」

女孩答：「永和。」

我說：「我學校在永和，但我住新莊。」

女孩回：「好遠！但你還是可以跟我回去永和，明天上課就近了。」

也對，就跟著她回永和吧！但繪畫工具都在家裡，無法做作業，打了電話給同學，借用具，寫作業，她聽著 ICRT 美軍電台，看著我畫畫而後充滿睡意。

作業終於完成，已是半夜三點。我躺在她身邊，意識模糊，好像她抱了我，意識越來越模糊。

張開眼已是第二天清晨。她不在，已出門，我只好也匆匆趕去上課，意識仍有些模糊，也不知是怎麼到學校的？

下了課，卻怎麼也想不起來她住哪裡？像是消失在四度空間裡兩個轉動的平行世界，交會而後分離。

沒留電話，扼腕。我疑惑地問自己，這算一夜情嗎？還是根本沒發生過這件事？

搖滾靈魂附體

這天又是趕作業到半夜，我蹲在地上做著噴畫作業，有點疲倦，看了一下時鐘，已經三點，我聽著ICRT美語電台的音樂，正覺得該起身休息一下了，起身靠著窗戶邊，看著寧靜的夜景，但氣氛不太對勁，因為太過於寧靜了，連遠方的狗吠聲都消失了，當我正覺得奇怪時，突然一種莫名的力量將我推倒，我眼睛盯著就快要撞到的製圖桌，雙手猛然一抓，握住了製圖桌下方的橫桿，才沒摔倒。

但奇怪的事發生了，此時電台ＤＪ剛剛開始播放一首搖滾歌曲，我的身體居然自己開始跟著音樂節奏搖擺，我無法與這股奇怪的力量抗衡，我邊笑邊大喊著：「快停！快停啊！」直到這首歌播完，我才停止了動作。之前我已經遇到了這麼多的怪異事件後，這件事對我來說，已經差不多習慣了，我也就繼續完成我的作業。

我似乎是習慣了這種怪異事件，直到入了社會，心理醫生才跟我說這可能是精神官能症的一種現象，只是我不知道而已。

沉淪

暑假過後，我從淡水搬回永和的新公寓裡。有著莫名的自由與興奮。放學回家，走騎樓，開鐵門，回二樓宿舍，這應該是每天的固定劇碼。

卻在開學不到一星期時，終止在濃濃的強力膠味裡，完全破壞歸零，我厭惡的神情僵硬地刻在臉上，站在騎樓的半鏽紅鐵門前，不想轉動鑰匙，直罵：「又在裝潢嗎？強力膠味道真臭！」

勉強開了門，整個樓梯間充斥著更加刺鼻的氣味，暈眩昏了頭，我掙扎著爬上二樓，開門，門內空氣瞬間暴衝出無比濃烈的窒息強力膠氣味，我心裡罵了出來，難道房東在裝潢嗎？才往內踏一步，就踩在富士牌強力膠的乾扁軀殼上，殼黏鞋，鞋黏膠，咧咧發出聲，我一驚，低頭掩鼻。客廳的公共區域已然鋪上厚厚一層強力膠乾扁屍體，倒像是地毯，看不見地板，只能踩著屍體橫過，令人作嘔暈眩的氣味，我很後悔當初選了最後的房間。六公尺長的廊道像是沒有盡頭。

黑色學生裙的女孩攤成一坨爛泥，坐在我房門口的強力膠屍體上，裙子翻掀露出被脫一半的粉紅色內褲，眼神渙散迷茫，或者根本沒有眼神，她面向我，粉紅內褲上沾黏著黃色液體，分不清是尿還是強力膠。

我厭惡地回到房裡，吸膠室友在房裡大喊，有些生氣地臭罵我：「回來不會打招呼嗎？」

我急忙去他房間賠不是，房裡很多男女，女比男多，男女都只穿內褲，赤裸上身，宛如但丁地獄裡的場景，慾望瀰漫在空氣分子裡，屏蔽了空間，我感到噁心，不是因為眼前的景象，而是因為氣味太過刺激。

我勉強露出微笑，鞠躬道歉，室友大笑開心：「在你房間門口的女孩，妳可以把她拖進去幹了！」說完後，將手伸向一旁爛成一攤的女孩內褲中，用力搓著大笑，隨便你要對她怎樣都可以，她們會很爽的。

我最痛恨這種隨意把女孩當玩物的男人，這是趁人之危吧！我在他的門口轉頭看了我房門口的女孩，真是浪費了老天給的美，她已快翻白眼，全身顫抖著。我再次鞠躬謝了室友，趕緊回房，撥了電話給另一個房間嚇到快失禁的學長，請他撥電話給房東來處理，話筒裡傳來學長失禁的氣味，我瞭。

買晚餐是個很好的藉口，我順利離開，先用公共電話打給警察匿名檢舉，再打給房東說明一切。十分鐘後，我在斜對角的燒鴨店吃著三寶飯，看著三輛警車停了下來，我探頭，看見房東焦急地與警方接洽中，房東快哭了，在我隔壁房間的學長穿著短褲下樓，腳步似乎有些踉蹌，遠遠地就可以嗅出他的恐懼。

一群男女陸陸續續東倒西歪地被警方抬出。終於落幕！

隔天退租。

壓抑

高三時我念的是繪畫組，搬離新莊到永和，離學校近，也因為畢業製作畫的油畫都很大的關係，不方便攜帶，住在學校旁比較沒什麼壓力，除了畢業製作外，其他的訓練都在一、二年級時經歷過了，怪異的事件在我搬離開新莊後就幾乎沒再發生過了。比較麻煩的是要解決自己三餐問題，而我的嗅覺與味覺又比一般人敏銳，實在是吃不慣自助餐廳或是便利超商的商品，只好買材料回家自己做；製作一人份的餐點，對當時的我來說是困難的，歷經好幾次的失敗後，終於有了一些成果，偶然間胡亂買了一些香料：巴西利、迷迭香、義大利香料等，在做餐時試著加進去，沒想到意外地提升了食物的美味，所以就會邀請同學到家裡用餐，因此我開始對一些香料著迷，這也造就了我在巴黎念書時，常去逛香料店的原因。

三年級時我念的是繪畫組男生班，我們下課最常做的一件事，就是趴在窗口，看路過學妹的身材，品頭論足。

當時有一位一年級的學妹特別豐滿，於是只要她一經過，窗口的同學就會像浪潮一般地引起陣陣騷動，我也會盯著她看，覺得她好可愛，但沒想到有一天，她在騷動中直接走向我，跟我要了電話，然後離去，隨後而來的是四十幾雙嫌惡的眼光盯著我。

過了幾天週末傍晚，學妹說要來找我，於是我做了一頓大餐，餐後兩人隨意地聊著，一晃眼已經十點多了，她說她睏了，就上我的床，我居然不知所措地看著她，生理的衝動終究敵不過理性的思維，我坐在床沿看著她短裙下一雙白皙的大腿，與偶而穿幫的白色內褲，我用毛巾幫她蓋上，我順了順她的髮，撫摸著她暈紅的臉頰，她睜開雙眼看著我，我當時好想吻下去，我一個向前傾身，她卻留下了眼淚，我拭去她的淚，輕拍她的肩告訴她：「晚了，你該回家了。」她起身整理了一下裙子，不發一語地離開，當然她不會再跟我聯絡，反正已經不是第一次了，可惡的理性總是戰勝感性。

我的壓抑不言而喻。

潑漆事件

高三上學期我被指派為版畫教室總管，由於版畫教室是繪畫組專用，繪畫組就兩班，男生班與女生班，所以不會有其他班級使用，而一天晚間大約十點左右接到女生班的電話，說是要借版畫教室印版畫，而鑰匙在我手上，但我那一天做了一頓美味的晚餐，才剛吃完，而且喝了兩罐啤酒（當時法律未強制規定禁止賣啤酒給未滿十八歲的孩子），我有些微醺，但我還是去了，一直幫她們印刷到清晨三點才鎖門離去。

沒想到第二天一早，學校操場的講台上被版畫用的紅色油墨在真善美新校訓四個大字上打了四個大叉叉，還潑了一地的紅色油墨，這真是情何以堪啊？什麼漆不用偏偏用版畫用的油墨，這誤會可大了，害我們全繪畫組，又是刷地、又是刷牆壁地搞了半天，課也沒上。後來又被丟了幾次的紅色油漆炸彈在校門口後，這才還我們繪畫組的清白。真是冤枉！

當然真兇依然隱藏得好好的，也就不了了之。

尷尬的一天

我的畢業製作是畫了一張 180 X 200 公分的油畫，是我每天背的一個白色運動包的大特寫，這是我三年來的生活軌跡，我用畫記錄了下來。另一張是用粉彩畫商科一年級的可愛學妹，而那天跟她約在我的住處，她一來我就請她換上我的牛仔褲，因為她忘了帶；打好稿，拍完照，她坐在我的白色椅子上休息，我們聊著天，挺愉快的，這時她突然起身走向我，眼睛迷濛，感覺有事要發生了，而我也正要用雙手迎接她時，我卻看見我的白椅子上，多了一些紅色的液體，於是我用手摸了一下。

我說：「好像是血吔！」學妹突然一驚，蒙著我的雙眼，叫我別看，她匆匆地到廁所換回她的連身短裙，她拿著滿是血漬的褲子回到房間，羞紅了臉，跟我要了袋子裝著。

學妹說：「我會幫你洗乾淨再還你，不好意思！弄髒了你的褲子。」

我當然說：「沒關係啦！」

欸！錯過了一個好時機，第二天到校，她還我褲子時，我發現原本藍色的褲子已經被漂白成白色褲子了，當然學妹從此也離我遠遠的。

灑脫的學妹

我的慾望就像是多年未清的下水道阻塞，一灘爛泥，只剩細細涓流勉強流過，眼看就要絕堤，另一位學妹小蕙的字條算是拯救了我。

是告白信。

我看了看她。小蕙，白淨的棉花糖般肌膚，楊貴妃的氣息，有點老派的短捲髮，臉頰連至下巴可以畫出一個圓，她羞澀遞上紙條時，可以看出雙頰飛出蘋果紅，個子比我高半個頭。很快我就回了信，信裡模稜兩可的答覆，語意不清，沒答應也沒拒絕。每節下課她都來找我聊天，經常送我禮物，可以說做得很露骨，宣示著我是她的領土。不讓我有空擋、不讓其「她」女孩有機會接近我。

我也每天送她回家，終於她最期待的事發生了，應該要發生的。我吻了她，感覺像是母狼餵養飢渴的小狼般，她用力吸吮我的唇，慾望像是在她的腦中炸裂開來，一發不可收拾。

對我來說，與她第一吻的經驗不太美好，因為太過激烈，我只能嚐著嘴角滲出的鐵鏽血味。之後，我習慣了，我以為她喜歡暴戾的歡愉，我將她推倒在樓梯間，親吻她並擠捏她的豐滿乳房，她發出嬌嗲聲。她帶我進臥室，就像是小羊進入餓狼的圈套，無止盡地編織夢想、無止盡的慾念渴望。

久了，我反倒覺得規律得像是數學公式，一成不變，送她回家進臥房熱吻愛撫，這對我來說已漸漸變得索然無味。而她等待的是潰堤之後的波濤洶湧，沒想到我只看見堤防後的枯枝爛葉，一整個提不起勁，我又回到國中時的迴圈裡，越是得不到才會越想要。見過她母親後，母親也喜歡上我，希望等女兒畢業後就結婚，然後一起移民美國。

美國？在我心中，美國只是個遙遠的國度，如此而已！我漸漸地不希望再繼續這段感情，有些膩了，我不想畢業就結婚。我也沒跟她說分手，對她的感覺也變淡了，於是我默默離開，不再聯絡，將自己的心推得遠遠地，漠視她，漠視她吧！我在心中無數次吶喊……

學妹傷心地來找我，問我：「你怎麼了？怎麼都不跟我聯絡？」

我只淡淡地說了句：「抱歉。」

她含淚回我：「那你要好好的喔，你隨時可以來找我。」

我看不出她有沒有受傷，任性地讓這份感情擺到爛，擺到消逝為止。

後來順利地畢業了，不管是默劇、繪畫還是廚藝都有所精進，至於在感情上卻已經心灰意冷，不再有激情的衝動。

畢業之後申請了延期一年當兵，這一年裡當然是去工作，應徵了帶動唱公司的肢體開發部——是因為有默劇底子的關係；當年紅透半邊天的戴老師就是我們公司的員工，那時我設計了大約三十首的帶動唱歌曲動作，後來又因為肢體開發有了一些成績，老闆將我轉為幼兒肢體開發部門，導致我後來在劇場演出時期，到幼稚園兼課，教小朋友們戲劇肢體開發。現在想起來很不可思議，原本以為默劇就只是默劇，但默劇已經是生活的一部分，早已融入生活裡。

地表最強世界巡迴正式起跑，壓力之大是外人無法想像的，每一場演出都是在戰鬥，舞台上的光鮮亮麗與完美演出，舞台下卻是幾十人一起努力的結果，什麼時候搬道具，什麼時候拆道具，什麼時候舞台要升起，哪一個舞台要下降，舞台底下的熱絡，絕對不輸給舞台上的演出，最辛苦的人是總導演，他要統合所有單位的CUE，從視訊、燈光、舞台升降、到舞者位置、演員何時Stand by都要一人掌控，而我的吊鋼絲部分，是最危險的，因為是設定的電腦程式操控機械，若是突然故障的話，要如何接續下去？這些都要先想好應變措施。所以每次演出完畢回台北，不管是心理或是生理都是無可比擬的疲倦。有一次在鋼絲起飛前，我聞到了一股腐屍惡臭味，所有高中時期的怪異現象浮現腦海，我開始禱告，希望不要發生事情才好，還好演出是順利的，但是回到飯店房間時，又再次聞到了這股難受的刺激味，難道是跟我回來了？我再次禱告，味道終於消失。

趁著回台休假，我獨自來到國父紀念館的廣場上吹吹風，享受一下不在舞台上的日子，一群幼稚園的孩子在玩耍，老師正企圖教他們放風箏，我看著看著，時候到了，我走去看儀隊交接的演出，整齊劃一的動作，一絲不苟，我當兵時好像也沒這樣的規律，我是幸運的，我想起了當兵時的歲月，大部分時間我是自由的，我在當兵時期建立了許多默劇的規範與理論，反而有些懷念當兵時期的自由。

這應該有很多人不苟同吧！對於大多數的人而言，也許當兵有點是在浪費時間，但我的際遇卻完全不同。

第四章　魔鬼訓練營

吉祥物

當兵的日子還是需要真實地面對，一九八九年時十二月一日我在新竹關東橋報到。心中的忐忑著實是無法用言語形容，因為聽說關東橋是一個魔鬼新訓中心，新兵在大門集合的第一件事就是三秒鐘將黃埔大背包的東西全倒出來，然後三秒再裝回去，而後背著黃埔大背包匍匐前進，爬向自己所屬單位的連集合場集合；大家鬧哄哄地耳語著，我想說完蛋了，就算是默劇訓練再怎麼辛苦，這也無法做到吧！

結果，什麼事都沒發生！

一群人安安靜靜地進了營區，默默地走向編制好的連隊集合場，大家心中都有一絲的驚訝，為什麼什麼事都沒發生？怎麼回事？當然是事後才知道，我們的上一梯新兵，有人被操死了，於是師部下令，教育班長不可用任何手段或是任何物品跟新兵有任何的接觸，就這樣，原本的擔心化為烏有。

在部隊的日子雖然苦，但也對我往後的默劇生涯有了一定的幫助，因為體能訓練將我的肌肉調整得很勻稱。三個月的新訓結束後，居然慘兮兮地被選上了士官隊，又是三個月的訓練，當時心情像是掉到了無底洞，沒完沒了的訓練，關東橋士官隊就是出了名的操累，所謂的淚灑關東橋就是指士官隊，這下可真的完了。

但是出奇不意的，除了體能上的操累之外，好像也沒別的，例如在野外的操課，一個夾槍滾進的動作，從四十五度的石頭泥土斜坡上，滾下山，滾到一半大家吐的吐，頭暈的頭暈，然後再從野外的操練場一路刺槍回營區。每天早點名完，就是伏地挺身，一個基數是二五〇下，通常會喊到五個基數，就是一二五〇下。我們也被一直洗腦著，自己體能不好將來怎麼帶兵啊！於是只好硬著頭皮撐下去，士官長經常說：「只要撐下去，結果就會是你的。」

還好，那時我的號碼是幸運的十一號，因為按照慣例，十一號的兵每天都要打掃士官長的房間，而我每天唯一可以放鬆的時間就是在這小小的時間與空間裡；士官長喜歡音樂、書法，每次去他房間，我就會偷用他的Sony walkman 聽陳淑樺☒女人心☒的卡帶，有一次被士官長發現，他也沒責怪我，反而跟我一起聽，他問我哪裡畢業的，我說是復興美工，他興奮極了，馬上把他的書法拿給我看，問我這些句子做成書法書籤，會賣得出去嗎？我當然回答可以，但要看市場的需求，才能知道，他說希望能賣出去，也希望退伍之後能和我保持聯絡，但其實他在我離開士官隊後，沒多久就退伍了。

一個月過後，士官隊有一位班長要退伍，於是隊上的其他班長幫他慶祝，但關我什麼事？我卻在十點被叫起床，一天操課下來，我已經累得半死，還要到辦公室裡，心中有些無奈，也有些害怕，怕的是我做錯了什麼嗎？是在半夜叫醒我要教訓我嗎？我心中只有一陣忐忑。

來到辦公室裡，辦公桌已經全部拼成一個正方形，我覺得奇怪，旁邊桌上一堆小吃部的滷味與啤酒，我看他們大概是喝醉了吧！此時，一位班長手上拿著我的資料。

他問我：「你的興趣是默劇喔？」

我回：「報告是！」

班長說：「那你上桌，演一段給我們看看！」

我很不想地回：「報告是！」

於是演了一段最基本也最經典的劇碼：拉繩子與摸牆壁，當然他們是瞠目結舌，一陣掌聲歡呼，卻也因此驚動了連長、輔導長，大家才依依不捨地散會。第二天，我當然是正常地照表操課，但也因為這樣，我在士官隊的日子好過了許多，我成為每次操課回營，晚餐前的吉祥物，默劇吉祥物。

但也有不好的時候，一次全副武裝出操上課，一個臥倒，彈夾挫傷了我的肋骨，痛得我呼吸困難，我只能抱病號，夜裡班長趁我睡著時，偷偷按壓了我的肋骨，我熟睡著，第二天班長就說因為我是演員，這一切都是演的，是騙他們的，我只能無言，還好一星期後，狀況好轉。

三個月很快地過去了，訓練結束下連隊，我分發到斗煥坪，人稱歡樂斗煥坪。當時的營區是木造的老房舍，營區裡種滿了楓樹，有種愜意的氛圍，難怪歡樂。

剛下連隊，就被三連的連長選中，來到了第三連，還好學長都快退伍了，也沒人想管事，所以我並沒有受到「下馬威」式的先痛打一頓，只是我要一直擔任值星官的職務，這讓我有點吃不消，每天要比別人早起，也要最晚睡，還要站晚上的衛哨長，根本沒什麼時間睡覺。但也有有趣的事，讓我終生難忘。

第二次看見不明飛行物

一九八八年九月，發生日環蝕的當天，我是站清晨四點到六點的彈藥庫衛哨長，清晨的空氣清新而冷冽，滿天的星斗，隱約可以看見銀河系的光帶，我夾著槍，與兩個衛兵聊著天，天色漸漸亮了，星星也越來越模糊稀疏。

此時一名衛兵看著遠方山頭，跟我說：「報告班長，你看前面山頭的星星是不是怪怪的？」

我抬頭看了一下前方山頂，確實是不太尋常，有二十一個光點，三個為一組，一共七組，整齊排列在對面山頭，天已經亮了，光點卻越來越亮，我們三人看著光點，光點開始由圓形變成橢圓形再變回圓形，顏色也在變化著，從白色漸漸地變成粉紅再變成肉色，然後一組三個光點開始慢慢地旋轉，我們正看得出奇時，排長來接我們下哨，共十六個人，排成兩縱隊，一路無聲地走著。

突然排長做了一個手勢：「噓！停下安靜，大家抬頭。」

我們所有人抬頭後，只有瞠目結舌的份，一個巨大的肉色膠囊物體，正緩緩地經過我們頭頂上空，它遮住了陽光，陰影橫過我們身上，我們抬頭看著它無聲地滑動著，飛行物的底部有許多幾何圖形的圖案，大家也都不知該如何是好？只能看著巨大飛行物體緩緩地越過頭上後，突然一個抖動，瞬間直衝雲霄，消失了，大家你看我我看你，不知發生了什麼事？

我說：「是飛碟吧！」

排長比了一個手勢：「噓！今天這件事就當沒發生過，反正說了也沒人會相信。這件事就到這裡吧！我們繼續上路。」

這說也奇怪，還真的沒人說什麼？每一個人都像是沒發生過一樣的安靜。

麵店三姊妹

一天晚點名後，兵都上了床，接下來是各連班長的洗澡時間，整個營區的班長在這時就會全部在各連的連集合場旁，水塔邊，露天淋浴洗澡，有的拿臉盆、有的拿鋼杯，一瓢一盆慢慢洗著，因為晚間的安靜，只剩沖水的聲音，因此稍有其他細微的聲音就會變得清楚，此時，巷口的學長「噓！」了一聲，整條路上的班長都停止了動作，漸漸聽出是三位女孩嬉鬧著慢慢由遠而近，大家下意識地用臉盆、鋼杯，遮住重要部位，女孩的刺激笑聲響徹雲霄，越來越接近，居然一個轉彎，走上兩旁全是赤裸男人的小路上，大家只能悶著氣，不敢發出聲，幾乎停止了呼吸，還好當時月色也不明亮，大家站著不敢動，當她們走到我的面前時，突然有人的鋼杯落了地，鏗鏘有力的聲響迴盪在營區，三位女孩中較年長的一位，抬頭看了站在她面前的我，大叫：「啊！他們在洗澡！快跑！」然後牽著兩個妹妹不發一語地快速奔跑通過，反而換成是我們笑成一團，還好是天黑看不清楚，不難想像那三名姐妹花，羞紅著臉奔跑回家的樣貌。後來我也認識了她們，她們是營區麵店的女兒們，姊姊是念高二，妹妹一個是小六、一個是小四。姊姊當然不知道，那天晚上，在她眼前的人就是我。後來姊姊常到我的辦公室找我聊天，我們也越來越熟，我才告訴她那天晚上發生的事，在她的面前的那位裸男就是我，她羞紅了臉，輕輕地打了我一下，罵：「討厭啦！」

軍中有兩句話：「母豬賽貂蟬、沒魚蝦也好。」就是在說，當兵的男人是有多麼的飢渴。

後來不到半年，師部來了電話紀錄，要求我支援師部，於是又回到了關東橋，當然也與麵店的姊姊失去聯絡。支援時期我住在簡陋的司令台播音室裡，我的工作就是剪紙、畫海報，畫五公尺長的海報；因為新年快到了，長官們要送禮，希望送一些有年節氣氛的剪紙，整個師，就我一個復興美工畢業的，理所當然的徵調我過去支援，一刀割下去，就是三個月。原本的三連連長氣得直跳腳，這三個月裡，換了新的師長，美國軍校畢業，作風也很美式，來的第一週就在軍官俱樂部與福利社裝了兩台生啤機，一杯二十，有夠便宜，我和播音員不時會去喝兩杯，結果一位新兵因為喝到爛醉無法操課，才下令改為只有軍官可以享用，我是士官，當然沒問題。支援的三個月裡和政戰部的長官漸漸熟了，才知道長官正在追我復興美工老師的妹妹，因此他對我特別照顧。

三個月過後，回到連隊，我被罵到臭頭，還沒有了床位，於是營輔導長看我可憐，把我徵調到營政戰士那邊，處理公文，晚上就打地鋪睡在堅硬的水泥辦公室地板，當然有好處，不必早點名晚點名，但也有壞處，就是半夜會聽到老鼠在我耳邊，翻動著垃圾桶的塑膠袋聲音。

在這裡我只需對輔導長一人負責就好，就在這時接到噩耗，聽說我的兩幅畫借給在校學妹展覽，結果被偷了，我在部隊裡大聲地哭泣著，大家都以為發生了什麼事？結果只是畫被偷這種鳥事，副營長這時出面說：「畫被偷就被偷，哭那麼傷心，你一定畫得很好，給你個任務，這星期休假回去，拿油畫用具過來，幫我畫一張畫！如何？想休假嗎？」原來是這麼回事，用休假換一張油畫，也好，假也休了，畫也畫了，因為副營長的綽號叫小烏龜，所以我在畫中隱藏了一隻小烏龜，畫也給他了，沒被發現。

至於麵店的姊姊，偶爾會再見到她，只聊了一會兒，說是高三了，要準備考聯考，而父親也不同意她找軍營裡的男生聊天，於是我們的友誼就漸漸地淡了。

迷路的靈魂

就在這時，我們連隊上發生了重大的靈異事件，我也親眼見證到了。

一天晚上，我翻來覆去輾轉難眠，時而睜眼時而閉眼朦朧著，就在我睜眼時，看見一個黑色球體飛過窗外，我以為我看走了眼，也就不想理會，但怎麼樣就是睡不著，終於撐過了一晚，天亮了。當時我是打著地舖睡在營長室與傳令兵室旁的辦公室裡，我以為那天晚上只是一個稀鬆平常的夜，清晨六點時突然聽見營長怒吼的聲音，我和傳令兵衝出房間，問營長發生了什麼事？

營長臉色鐵青顫抖著說：「昨天晚上我大叫為何都沒人回應？」我們都說沒聽到啊！而且我幾乎醒著，因為失眠的關係。

營長又說：「昨天晚上有一顆頭一直撞我的窗戶，門的把手也一直轉動著想開我的房門，我嚇得要死，叫傳令兵也沒回應？旁邊的兩個彈藥庫衛兵也沒聽見，幫我徹查是不是在睡覺？」

當然我們全沒聽到，也不知道營長說的是真是假？但我依稀記得確實是有一個黑色球體經過我的窗前。

最後請到了營裡的一位乩童，他一聽一看，就說是一位隔壁營剛死去的兵，他想回營找營長算帳，但走錯了地方，迷了路，經過乩童的指點，每天固定時間燒紙錢給他，他就會離去了，當然這工作就由我與傳令兵執行了，一星期後，營長的臉色終於恢復正常，這件事也終於告一段落。

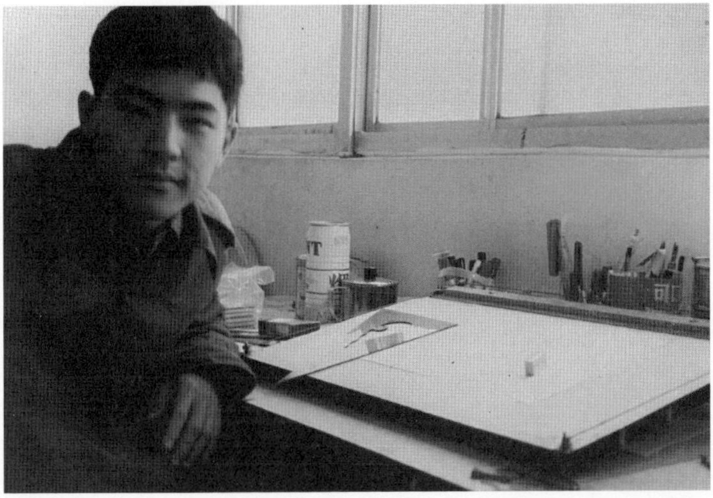

過了幾個星期，師部要辦全師三個旅的演講比賽，這本來也不關我的事，是原本要參加演講比賽的學長居然在演講前一天休假跑了。

這可把營長、輔導長、副營長急壞了，大罵：「到底是誰准的假？徹查！」後來發現是自己准的假，這下沒人可以參加演講了。

後來副營長不知哪來的想法？突然說：「那讓王仁千去參加啊！他國語還算標準。快把演講稿給他！」

就這樣被霸王硬上弓，我花了一小時看完十二頁的演講稿，當然這時寫劇本的功力就被激發出來，大致設計了一下演講時的動作，寫了一段一分鐘的總結——因為當演講時按一聲鈴，表示剩下一分鐘，按兩下表示時間到；我就先設計好橋段，該大聲時大聲，該激昂時激昂，就這樣等著第二天的比賽。

比賽終於到來，一人七分鐘，我當然是唱作俱佳。眼看一堆人在台下快睡著了，我就會慷慨激昂地提高音量，完全就是設計好的，一聲鈴響後，馬上跳到我自己準備好的結論，就這樣當我說完：「謝謝各位！以上是我的演講。」兩次鈴聲響起，終於結束了。幾天後，結果宣布，我得了第一名。

其實當下我根本不知道演講稿的內容到底在寫些什麼？我講了些什麼？很諷刺吧！但是這可把長官們給樂壞了，居然是只準備了一個晚上就得了第一名。

了。

幾位長官都被記了嘉獎，於是我被放了三天榮譽假，可以回台北的家

交大研究生

休假回台北時，在清華大學門口買了中興號的票，離發車還有點時間，於是到附近的書店逛逛，買了一本書，一上中興號，發現只有一個空位，於是坐了下去，我翻開剛買的書，才剛看了一頁，坐在我身旁的女孩就伸手過來，翻看了一下封面。

她說：「啊！這本我看過了，是在我國中時就看過了。」

我尷尬地笑了笑，我說：「我還沒看過，現在開始應該不算太晚吧？」

然後我們一路聊著到台北，她是念交通大學研究所的研究生，她有著鄰家女孩的親切，也很能聊，到了台北彼此留了電話與住址，就離開了。後來只要是休假我都會去交大找她聊天，一起吃飯，一起看電影，她也從不曾拒絕過，我以為這就是交往了，就在聖誕節前，我畫了一張她的速寫，下方寫了大大的"Marry Christmas"裱好框，寄過去屏東給她，她收到後隨即回了電話。

她在電話那一頭笑著說：「我不要嫁給 Christmas！」我愣了一下，我問是什麼意思？

她說：「你把"Merry Christmas"寫成"Marry Christmas"了！差一個字母差很多好嗎？」我當下漲紅了臉，還好她看不見。

後來我就開玩笑地說：「妳不嫁"Christmas"，那可以嫁給我啊！」

她忽然認真起來地說：「我已經有一個交往九年的男友了，而且我下個月就要結婚了，我沒跟你說過嗎？」又一個當頭棒喝，搞得我七葷八素。

我說：「妳從來沒跟我說過！而且我們見了這麼多次面，也牽了妳的手，在妳宿舍門口吻了妳，妳也都沒拒絕過，我以為我們是在交往，難道不是嗎？」

她說：「你吻我，我也只是回吻你而已，這不算交往吧！」

我回她：「沒關係啦！我瞭解了，反正妳要結婚了，先祝妳新婚愉快！」

她卻說：「你以後還是可以來學校找我啊！我喜歡跟你聊天，還是可以牽著手在校園裡散步。」

我承受著被甩的心情掛了電話，心想：「我才不要去找妳咧！」

空白的八個月

到師部報到的第二天，一早就去新竹洽公出公差，去尋圖書館書櫃的價格，一連跑了十家店，也傍晚了，累了，就坐在新竹火車站旁麥當勞靠窗的位置，思索著還看不太清楚的未來，但心中大概有了模糊的版圖，應該多看看其他國家的默劇，也似乎想嘗試建立一套自己的默劇系統，就這樣坐著到了天黑，回營。

但沒想到未來的八個月跟本沒事可做，既不用畫畫，也不必跟長官哈拉，因此我多了許多自己私人的時間，我利用這段時間，幫圖書館裡的書做分類，在分類的過程中，發現與默劇肢體的系統規劃有很大的關係。當分類越細，就越能在短時間內找到你要的書，於是我在默劇系統的建立裡加入了分類，一點一滴地慢慢建構，以至於默劇肢體的精雕細琢也跟著融入我的日常生活裡，再加上部隊紀律的影響：衣服要怎麼掛、細到連牙刷擺的方向與漱口杯耳的方向全都要制定，這對我後來在演出時有非常大的影響，我的化妝區域永遠是乾乾淨淨整整齊齊，衣服有固定的掛法、化妝品也各有放置的位置，每次都一樣，就像是強迫症一般的精準。

當然，我也開始嘗試寫劇本，然後沒事就會跑到伙房看他們做菜，用大鏟子炒著一大鍋的菜，完全就是臂力的訓練，很是過癮，也很療癒，偶爾也會跟他們要一些辣椒泡醬油解解饞。

這段空白的時間裡，我仔細地反省過往，儘管對於默劇如此地執著，對於肢體的要求是如此的精細準確，然而在感情上我卻一直都像是個傻瓜，不理解也無法理解該如何與異性相處，我想每個人多少都有一些 Bug，有的事情專精，而有些事情就完全無法理解。

嫌惡

因為特殊職務的關係，我調離關東橋部隊，與女青年工作大隊一起合作部隊的文宣活動，小美是負責布置會場，我是負責美術。就這樣把兩人繫在一起。她微捲的髮披在肩上，皮膚有些黑，帶著些嬰兒肥的頰，大眼，精瘦的運動型身材，迷人。活動結束後，互留郵政信箱，本以為緣分就此結束；一個月後，我收到了三十封信，她從馬祖寄來的。對於從來沒在部隊收過信的我來說，像是夢一般的驚喜，長官比我還興奮，喝令我請兩箱啤酒，以茲慶祝。慶祝啥？不過是收了三十封流水帳而已，我不懂。就隨長官去吧！

我一天一封信地回，我的三十封信才剛寄出，又一次收到了她的三十封信。她的字很美，像美術字，看得出來刻意地雕琢過。信裡多半是說她在馬祖每天的作息，看見了什麼，會有哪些感觸，全部傾倒在字裡行間，我覺得像是某種遊戲，我把她當筆友。

沒多久她從女青年工作大隊退役；假日約了我吃飯，我坐在摩托車上等她，一小時過去了，只見一名高壯黝黑的女孩一直在我身邊踱步，有時我看她，有時她看我，面面相覷，已經不認得彼此。

我終於忍不住趨前詢問，女孩錯愕，驚恐，不可置信地對我說：「你怎麼這麼矮？我認識的帥哥去哪裡了？」

我恨她的直白，恨她的不會說話。

她恨自己當初的眼睛到底看到了什麼？怎會看上我？

我努力擠出幾個字：「我一直都沒變啊，是妳的幻想被美化了吧！」我受傷得像是一個被拋棄的垃圾，問：「那……還要吃飯嗎？不去也可以，不必浪費雙方的時間。」

女孩嫌惡的眼神，不想再看我，撇過頭去，現出作嘔的表情，如奔逃般地跳上計程車，好狠又率直的女生。

終究，虛幻的文字終將化為泡影，似有若無地存在著。

就這麼一晃，八個月過去了，退伍前一天，回到原本的連上，大家已對我陌生，還邊諷刺邊開玩笑說：「我們都以為你早退伍了。」連隊上，就連我該繳回的鋼盔、S腰帶都沒有，什麼都沒有剩；匆匆跟補給領了該有的裝備之後再繳回去，然後第二天領了退伍令，頭也不回地離開營區，也沒什麼值得留戀的，除了麵店的三姊妹，稍微有些依依不捨。

我離開國父紀念館後，花了二十幾分鐘，走到了信義華納威秀中心廣場，坐在樹下，看著青春洋溢的熱褲美少女從眼前經過，這裡也是我曾經演出過的地方，當時，台北市剛剛開放街頭藝人執照，第一次考完之後，我就成為街頭藝人的評審，畢竟在考試之前，台北捷運公司已經先請我去測試街頭藝人在捷運演出的效益；整整三個月的演出，實驗性質的捷運街頭演出，每次捷運公司都會有督導在一旁做紀錄，然後三個月的評估結束後，捷運公司先一步開放了街頭藝人的演出。後來台北市文化局才跟進，對街頭藝人有了更明確的規範，說好聽一點是開路先鋒部隊，其實就是白老鼠而已。

離開信義區華納威秀後，回到家中打包行李，因為後天又要跟著團隊出發去做巡迴演出，要包的行囊可真不少。在捷運上看著許多上班族，回想自己退伍時，剛入社會青澀的新鮮人模樣，覺得好笑。

第五章　社會給我的一堂課

羞辱

退伍前三天就接到港商迪生名品店的錄取通知，當時位置是在忠孝東路與延吉街口的一樓，辦公室在十樓。是櫥窗設計師的工作。退伍的第二天就去上班了，我並沒有給自己太多喘息的時間。去的第一件事就是比稿，公司內部設計人員自己比稿，為的是下一季春妝上市的 Display 設計，經過一星期的製作後，我的設計稿雀屏中選，接下來需要一個月的時間製作各式各樣的完稿與製作物；但沒想到就在一個月後，公司二樓的證券行發生火災，當時的設計有三人，原本一早到公司時，我們三人需要到一樓幫賣場的盆栽澆水，火災當天學長說忘了拿東西，於是回到十樓辦公室，他才剛離開不到二分鐘，我就先聞到了燒電線的塑膠味，然後就看見一大群人尖叫著匆匆搶著奔下手扶梯，我也緊張了起來，趕快叫了旁邊的學姊，學姊卻愣在那兒直發抖，我說：「該不會是失火？」結果就是。

火警後的二十五分鐘，消防車才出現，當時是上班時間，應該是塞車吧！好險我是在一樓，十樓的同事匆忙地奔向頂樓，也有被困在十樓會議室的，我學長乘坐的電梯在八樓就停了，他被困在八樓不知名公司的會議室，聽他敘述是說，已經是濃煙密布，他想拿椅子敲碎窗戶，卻被那家公司的經理阻止，說是若敲碎要他賠錢，就因為這一句話，其他人一湧而上架著那位經理，學長用辦公椅將窗戶擊碎，濃煙頓時竄出窗外，這時雲梯車已經架好，消防員大喊有窗戶破了，於是雲梯車升起，救了所有困在八樓的人們，他們下來時，我看著學長，兩個鼻孔周圍已被濃煙燻黑，所有從八樓下來的人全是一個樣，大家都嚇壞了。

火災過後，春裝順利上市，我的三個月試用期也到了，該調整薪資了，但我收到薪資單時，臉整個垮了下來，居然只加薪一千，當時年輕不懂世事，拿了薪資單怒氣沖沖地找總經理理論，我的理由很簡單，就是公司用了我的設計，我不是沒能力的人，加薪一千實在是說不過去，然後他居然就說答應給我加三千，然後往後的每個月再加一千，這樣條件聽起來很誘人啊（至少我現在這樣覺得）！但當下耍帥，我卻跟他說：「來不及了，我已經無心在這裡上班。」於是就辭職了。

那段時間我經常去文化大學附近的一個四合院學生宿舍，叫做巫雲。我的高中好友夏紹虞就住在那兒，因此我認識了他的學妹，不久後，我們開始交往，那時對於交女友這件事依然毫無概念，只有生理的衝動而已；而我們的交往也為周遭的人帶來困擾，大部分的人都反對，大家都心知肚明地說另一位學長很喜歡她，我算是橫刀奪愛，他們也不看好我們，說我是社會人士，連大學都沒念過，數落著學妹也揶揄著我，但我們還是排除眾議在一起。

現在想想確實太過衝動，除了工作上，連感情上也懞懞懂懂地衝動，我需要的應該是磨練才對。

離開迪生名品店後，換到了設計公司，是學姊開的公司，而且離家近，公司在巷子頭，我住巷子尾，薪水又高，但是我錯了，這裡才是煉獄的開始。

設計部主任要我畫一張愛因斯坦拿著 Scanner 的圖片放在設計圖上，於是我照著做了，一個月後，對方公司從美國展場打了越洋電話，說是設計稿被愛因斯坦的家族告了，因為肖像權的關係，所有的製作物必須全部報廢，當時老闆娘才知道那張圖是我畫的。

她問：「你為什麼要把愛因斯坦畫得這麼像？」

我啞口，畫得像，原來是一種錯，公司賠了許多錢，也許就是因為這樣，才與老闆娘結下了梁子。

又是一次公司內部比稿，這次有些不同，我與另一位設計師各出一套設計，讓客戶來公司評選，結果客戶選上了我做的稿子；正當我高興之際，老闆娘居然直接在會議上絲毫不避諱地對客戶說：「我建議不要用這一套，這套設計稿做得不好，希望你們用另一位設計師的稿子。」我又是一陣啞口，我不知道我錯在哪裡？但客戶執意要用我的設計，和老闆娘吵了起來，最後在老闆娘的勸說下，客戶放棄了我的設計，我真的不懂問題出在哪裡？

第二天，我跟老闆娘談，我問：「請問為何說我的稿子不好？客戶不是喜歡我的設計嗎？」

老闆娘也很直接：「人家另一位設計師是大學畢業，你一個高職畢業生跟人家爭什麼？」

我有些生氣地說：「既然如此，我想也沒必要在這裡待下去，我辭職好了！」

老闆娘反而笑了：「好啊！你早該看清事實了！」

士可殺不可辱，我說：「那我就做到今天中午，我現在收收東西馬上離職。」於是我當天就離開了。

受傷的是心底的無力感，硬生生地被羞辱，這些感受全部用默劇的形式被記錄下來，當作將來默劇創作的素材，因此我創作了一齣《放手》（Drop hands）的劇碼（見第二二九頁）。

我休息了一星期，找了一份快遞的工作。

如夢之夢

我快速地調整心情，想用工作的時間，占滿整個受刺激的腦袋。

快遞這份工作的時間非常短，只有一個月的時間，離開的原因一來是因為找到新工作，二來是因為遇到了一件不可思議的事情。

下班前的五分鐘，老闆要我去送一份VIP的包裹，我有些心不甘情不願的，接下單子，地點依稀記得是在現在的台北小巨蛋附近巷弄內的一處豪宅，本來以為交給管理員就可以下班了，沒想到管理員要我親自送上樓，我也只好認了，送上去。

電梯一開，是一層一戶的住宅，按了電鈴，門一開，我愣住了，眼前的景象無法以言語形容，一位大約三十出頭的少婦，披著一襲淡粉藍的薄紗睡衣，只穿了一條粉紅內褲，身上散發出濃厚的香水味，居然這樣來開門？二十出頭的我哪裡受得了？馬上漲紅了臉，只能低頭，不知目光該放在哪裡！

我把包裹遞給她，要她簽名，她卻說：「不急嘛！來，先進來喝杯飲料！」聽她這麼一說反而心裡覺得怪怪的，但是她也不收包裹，也不關門，逕自往屋內走去，我只好跟上。

客廳裡可以看出是豪宅沒錯，幾根大型羅馬柱，幾尊比人大的銅雕像，幾盆很大的熱帶植栽，一張純皮的沙發椅。她要我在沙發上等她，於是我再說了一次，希望她簽名，她也一直反覆說著：「不急嘛！你等我一下。」然後她走向沙發右前方的門，本來以為她一下子就出來，但沒想到她這一去就是二十分鐘左右。

我急了，大喊：「小姐？小姐？」我跑去她剛剛進去的房間，赫然發現房間裡是空的，不但她不在，也沒有任何的東西，是一個全白的房間，連窗戶都沒有！那，她去哪裡了？正懷疑著坐回沙發上，想說要不要跟老闆報備一聲，擺著包裹就好，我只想快下班！

這時，她突然從沙發椅後方的房間出來，我真是被嚇壞了，她是怎麼移過去那個房間的？一堆疑惑的問號？

我又對她說：「小姐，請你簽名，我就可以下班了！」

她顯得有些生氣，硬是搶過我手中的簽單：「好啦好啦！幹嘛這麼急？坐一下又不會怎樣？」

我只能一直跟她點頭說抱歉，此時我眼睛瞄了一下包裹，才發現包裹上的寄件人就是她自己，我匆忙收了簽單出門，回家的路上，反覆思索著，這該不會是哪齣寂寞人妻或是寂寞小三的戲碼吧？於是我把這次經驗記錄下來，當時的感受、感覺所有的一切，因為這似乎是一場如夢似幻的夢境。於是我寫了一齣有關夢境的默劇，叫做《失眠的夜》

故事是這樣的：上班一天回到家裡，拖著疲憊的身軀，很快地胡亂淋浴一下，倒頭就睡，但是夜裡寧靜得出奇，牆上時鐘秒針跳動的聲音越來越清楚，聲音被放大了，只好努力起身拔掉了電池，終於，秒針聲音停止了，躺在舒服的枕頭上，才一閉眼，廁所傳出水滴聲，我在床上翻來覆去，水滴聲越來越清楚，我用枕頭摀住耳朵，還是沒用；張開滿是血絲的雙眼，拖著沈重的步伐，將水龍頭拴緊，再度回到床上，以為事情終於告一個段落了，此刻，窗外傳來貓叫春，甚至貓打起架來，我只好生氣地將拖鞋丟了過去，貓哀嚎一聲，離開了。終於，可以好好地睡一覺了，才剛躺下去不到十秒，鬧鐘響起，又是該上班的時刻了，我已經瀕臨崩潰邊緣，穿好衣服，打好領帶，上班去，一天就這樣疲憊地開始。

這故事背後傳達的含義是，你永遠不知道會發生什麼事？只能亦步亦趨地逐項完成面對，生活再怎麼苦，還是必須好好地過下去，不要貪戀不屬於你的東西。

會計的情愫

離開快遞公司，來到廣告公司當設計，與我最切身相關的人，居然不是我的上司，而是會計。每個月發薪水的日子總是會與她接觸，總也聊上兩句，這讓我想起了以前的王姊姊——滿臉的青春痘，但有可愛的笑容，從ＯＬ的套裝裙下可以看出雪白細緻的皮膚。

她二十七歲，已婚三年，人生到此為止都是一路順遂，大學一年級的初戀就是現在的老公，畢業後第二年就嫁給了他。她一直以為的安逸、一直以為的順遂背後，隱藏的卻是壓抑許久對愛情的渴望。

她住基隆，假日傍晚，我打了電話給她，她說正好無聊著，老公出門去了，於是我約她到萬里看海聽浪，我騎摩托車到基隆麥當勞接她前往萬里，一路上她緊緊抱著我，我感受到她前胸貼後背的溫柔喜悅，一路上魂已飛入極樂。

到了萬里，兩人在海邊聊著，挽得好近，我摟她，她靠著我肩頭，她像是即將潰堤的水壩，身體顫抖著興奮，她暈紅了臉，她說她想要有小孩，老公卻一直無法成全她，她躺在我懷裡悠悠地訴說著，我聽著。

突然她說了一句：「好想做愛，我已經半年沒做愛了，老公都不碰我，我到底是哪裡做錯了？他每天都說好累，他是不是外遇了？他都不碰我。」

我溫柔地撫摸著她的肩、臂，然後是背、腰、臀。她整顆頭埋在我的胸膛，她小聲地重複著：「好想做愛，好想有小孩。」

我也溫柔地回應：「那妳想做愛嗎？」

兩人沈默許久，她擦乾淚，輕輕推開我，含淚笑著說：「謝謝你！這樣就夠了！我該回家了。」她吻了我，像是曾經激情後就要永別的情人，深深的一吻。

她說：「送我回家吧！」

兩人在車上不發一語，她似乎抱得更緊，我知道這樣的循環，我和她是不會有結果的，就這樣安靜地下去吧！聽風在耳邊呼呼的磨蹭聲就好。

三個月後，會計開心地宣佈懷孕了，大家紛紛恭喜，她轉頭看著我，微笑地點了頭，我知道她是在謝我，而我們必將疏遠。

在廣告公司時，開始接觸電視廣告，好幾次被邀去試鏡，也開始零零星星地接一些默劇演出的小案子，漸漸的知名度有稍微提升，演出的邀約越來越多，有時都必須向公司請假，老闆也很懊惱，公司的案子都做不完還接什麼表演，在思考過後我知道我想了解表演這件事，於是辭職。

找了一份比較機動性的工作做，那時經由大哥介紹去影視公司學了電腦動畫，於是就在公司實習上班，不久後就被調去電視部門，這期間短暫地交了一個比我大三歲的女友，大約三個月吧！但這卻是我最恐懼的經歷。

分手後大約一年，我開始連續七天晚上做著有如連續劇般的夢境，夢裡都是她。

第一天，她，就是那名比我大三歲的女友，坐在離我很遠的一張高腳椅上，一個投射燈打在她身上，看不清楚她的表情，只知道她的嘴在動，像是在說著什麼？又好像不是，我則是坐在一張紅色沙發椅上，動彈不得。

第二天，一樣的情節，但她離我近了一些，可以感受到一絲絲的壓迫。

第三天，她又離得更近了，漸漸可以看出她的表情有些生氣，嘴裡不知在念著什麼，聽不清楚，她也沒停過。

第四天，更近了，臉部表情變得猙獰，我感受到了她是在罵我。

第五天，她已經在我坐的沙發前，指著我的鼻子破口大罵，但仍然是無聲的夢境。

第六天，我腳尖已經碰到了她的高腳椅，她彎腰靠近我，面目越來越猙獰，依然是無聲的破口大罵。

第七天，她的臉已經快貼到我的臉上，只見到她的一張大嘴謾罵著我，我無力躲藏，也無處可躲。

在這七天裡，從第三天開始天天灌醉自己，壓力之大很難想像，但是夢仍然持續，不曾停過。七天之後沒多久，我開始出現幻聽幻覺的症狀，醫生判定是精神官能症。這些症狀困擾著我，讓我無法專心上班和演出，當時非常懊惱，於是在家休養了一年，期間我開始出現身體能量的湧現狀態，卻不知該如何是好？想創作卻不知該創作些什麼？明明會做很多事，卻感覺都不是真正想做的，就這樣能量被擠壓在身體裡，我知道終有一天會爆炸開來，我當然也不敢再亂交女友了。

瓶頸中掙扎

此時演出遇到了最大的瓶頸，有時會不知未來在哪裡？又該往何處去？於是經常到師大路口的 Blue Note 去聽現場爵士樂，與蔡爸聊天。

一天，他看我愁眉不展，於是問我：「怎麼了？有心事？」

我說：「我似乎看不見我的未來，一直都在表演默劇，我找不到默劇對我來說的意義在哪裡？也推廣不起來！」

蔡爸回：「有的時候，很多事情只能看到現在，未來的事說不準，但是我知道，當你在一個位置上占久了，這位子就是你的了，先別想那麼多，去做就對了，過程中都會有想放棄的時候，這些都是過渡期，繼續澆灌養分，就會開花結果了。」

當晚在爵士樂中，沉思許久，我該繼續向前？還是該收手，在我心中其實已經有了答案。

回到家中，在微弱的燈光中思考，點了根蠟燭，看著燭光正視自己心中的那份快消失的微光，我決定繼續向前走，不願也不能停下自己的腳步，但還是有些疑惑，於是我加入人子劇團，希望藉由充實自己，能夠向前邁出步伐。

初試啼聲

在這休息的一年之中，偶然的機會加入了人子劇團，每星期有三天接受極其嚴苛的果陀夫斯基肢體訓練，時而撐不下去，時而感到內心的衝擊，時而感到平靜，依據當時的團長是說這套訓練是讓演員追求真我的狀態，讓演員更了解自己而設計的一種劇場的演員訓練。三個月後，離開了人子劇團參加了《金銀島》舞台劇的徵選，全省巡迴，而演出完畢後，卻沒有拿到該有的酬勞，因此開始對舞台劇失去信心；儘管如此，我還是不願放棄。於是寫了一封信給屏風表演班的李國修大哥，表明希望能和他學編劇與導戲，他收到信的第二天就親自打電話給我，表示非常歡迎，他希望我跟著彩排一齣戲——《三人行不行》，可以做記錄，前提是不可以影響排戲，就這樣我從頭到尾跟著一齣戲。非彩排時就會跟李國修大哥討論該如何架構劇本等等的雜事，他也會傾囊相授毫不吝嗇。

我就問：「我想了解一些戲劇原理與理論，是不是該去念大學？」

他說：「你都二十七歲了，還去念什麼大學？你的實務經驗搞不好都已經比那些教授多了，你怎麼會沒想過去巴黎看看現代默劇的發源地？」

這一棒敲醒了我，但為了證明一下自己，仍然去考考看，術科考試的時候被主考官問：「你怎麼現在才來考？」然後欲言又止，下一句似乎想要說：我等你很久了。又或許是說都這把年紀了還來念啊？天曉得是什麼？不過那一年我真的考上北藝大了。

在屏風表演班的排戲時間裡也認識了一位孫老師。她說：「默劇要往內發展，先了解自己是什麼？再來求外在的發展，這樣的默劇會更有靈性，更具有個人特色。」

於是我開始花了整整六年的時間進入自我探索的階段，有時甚至一整天說不上一句話，有時也會放聲大哭、大笑，在旁人看來像是個瘋子。但我不在乎，一切都是為了把默劇演好，一切都是為了面對自己，當我挖得越深時，卻開始發現似乎越來越不了解自己，有時會感到很迷惑，會對自己提出問題質疑自己。

「這是真實的我嗎？我的個性是這樣的嗎？」

有時又會覺得心好累，好想放棄，似乎路途之遙深不見底，只能一直跟著心的方向走，不斷地挖掘，不斷地嘗試新鮮事物；也想體驗更豐富的人生，於是在魯蛋茶酒館打工當調酒師，一邊學習簡單的料理與調酒，一邊學習法語，一年之後，帶著破法語去了巴黎，那年我已經二十九歲。

周杰倫地表最強演唱會在二〇一九年四月三日於巴黎落幕，結束了。

因為周杰倫的地表最強巡迴演唱會我再度回到了巴黎，走在當初每天走的街道上，有種莫名的喜悅，所有的有關巴黎、露天咖啡館、香料店、Party的記憶浮上心頭。

鴿子在座位腳邊搶食麵包屑，麻雀在鐵塔下依序等著被餵食薯條，這些生活瑣事歷歷在目地浮現開來，彷佛平行空間，重疊過往與現實之間。

我和演唱會的和聲室友李安鈞到以前念書時每天都會去的露天咖啡館各點了一杯濃縮咖啡，喝著，這天行人很少，又是因為罷工的關係，巴黎的罷工是常態，我早已習以為常，不罷工才是非常態。

我們在巴黎演出的期間，我算是地頭蛇，又會講法文，於是白天就帶著樂手老師們，漫步在塞納河畔，我們沿著河畔散步，那一天整整走了三萬多步，

到了巴黎鐵塔，吃了午餐，再折回，去了羅浮宮。

晚上就和工作人員老K兩人到飯店旁的小酒館喝啤酒舒壓，然後其中一天，他的錢包不翼而飛，回去之後查看照片才發現，有被拍到錢包掉落地面的瞬間，也已經來不及了。

巴黎是個既放縱又爛漫天真的地方，由於心境的改變，再次面對巴黎時的鄉愁已不見蹤影。

在巴黎的最後一天，我獨自坐在露天咖啡館，已經可以體會悠閒，因為過往生活中的養分洗鍊已飽滿，讓我可以靜下心來，慢慢細緻地體會當下的人生，啜一口咖啡，想著過往在巴黎生活的足跡，事件一一浮現眼前。

第六章 展開自我探索的奇幻旅程

一九九五年十月我到了巴黎，在機場深深地吸了一口氣，眼淚掉了出來，因為是渴望的空氣味道、環境氛圍，讓我有一種回到家鄉的錯覺，是感動，也是鄉愁，我根本就覺得這裡才是我該生活的地方。

帶著無法解開的演出瓶頸來到巴黎，第一件決定的事就是在巴黎過生活，真正地融入當地的生活，因此有些放任自己，同時又必須審視自己的內心世界；我也不想只是庸庸碌碌地過著一般的生活，於是我開始接觸人群，認識新朋友，參加各式宴會，看起來似乎有點逃避，但是這樣的生活卻給了我無限的創作想像與空間。

到學校報到的第一天，發現老師不太敢念我的英文名字 Wang Jen Chien，後來開始上課時才發現最後一個字 Chien 在法文裡是狗的意思，難怪老師不好意思念出來，我自己念出來都會笑，於是立馬改名，取 J 和 ien，於是取了一個很法國男孩的名字 Julien，老師說這名字太適合我了，那時我留著一頭幾乎及腰的大波浪長捲髮，也許這就是適合的原因吧！

寂寞的二房東

剛到巴黎時我住在台灣留學生中心，那裡是六人擠一間的上下雙人床鋪，也沒什麼不好，都是台灣人，但我想學法文啊！於是匆匆地在布告欄上找到了出租房間的公寓，打了電話約時間，看完後，馬上決定租下來。

原因是因為我這輩子從沒看過如皇宮般的房子，屋頂挑高五米，隨處可見巴洛克時期的華麗雕花，搭配紅色與金色的窗簾布，深色拼木地板，踩在上面還會吱吱作響，客廳的公共空間裡擺著一張極為奢華精雕細琢的暗紅色貴妃椅，紅金相間，地上鋪的是米開朗基羅的壁畫地毯，宛如電影中的場景，這可把我弄得心花怒放，唯一的缺點是不能自己開伙。

那位房東，其實是二房東，她也是台灣人，在巴黎學時裝設計，人看起來挺親切的，我搬來的第一天晚上九點，就拿了兩瓶啤酒，敲了房門。

其實那天我因為搬家累得半死，為了睦鄰，也罷，因為二房東說要慶祝，我索性答應了，二房東很自然地就爬到我的床上，用半臥姿與我聊著，直到我再也不勝睡意的摧殘，二房東才離開。

第二天下課，我隨便在路邊攤買了一捲起司加鹽的可麗餅當做晚餐，回到住處後，配著白酒嗑著可麗餅。當晚十點左右，二房東又來敲門，我從書桌旁的椅子上驚醒過來，張開眼睛第一眼看見的是桌上剩下半瓶阿爾薩斯的白酒，我去開了門。

二房東身穿一件粉藍色寬鬆睡衣，只扣了一個扣子，內衣與隆起的胸部若隱若現。這會兒，我酒可醒了，禮貌地請她入房。二房東一進來，就看見那半瓶白酒。

她直說：「有酒也不會找我一起喝唷？」隨後拿了兩個水晶酒杯回到房間，擅自倒著酒。

我說：「這酒不錯！」

二房東回：「我知道啊！」

我說：「我們還有其他室友嗎？這麼大的房子！」

二房東說：「有啊！不過她們都搬走了，就在你搬來的前兩天。」

我說：「喔！那現在就剩下我們倆人？」

二房東點點頭，笑著說：「對啊！所以我才想跟你聊聊天，都沒人可以說話了！」說完就一股腦地拿著酒杯爬上我的床舖。

我心想：「是怎樣啦？」

二房東又說：「我今天心情不好，陪我聊聊好不好？」

我勉強地回：「喔！好啊！」

二房東心花怒放地說：「你坐過來床上嘛！幹嘛坐在那麼遠？」

我一百個不情願，但還是坐過去了。她對我來說，就只是個女生，壓根沒想過她長得好不好看，而且我正是處於挖掘內心世界的階段，內心掙扎到苦不堪言，哪有心思去理會這些小情小愛？還好，此時客廳的掛鐘輕敲了一下，我一驚，看了手錶，已經一點了。

我支支吾吾地說：「很晚了，今天一大早我還得去上課。」

二房東不情願地回：「好吧！我是下午的課！我沒關係！你早點睡吧！」

我聽到「你早點睡吧」這句話後，有些惱怒。

搬到新住處的第三天，放學回住處後，我因為前一天的「聊天」感到疲憊不堪！晚飯也沒吃就昏昏睡去，睡夢中聽見敲門聲，我張開眼看著手錶，十一點整。我在昏沈中開了門。

這下子，我的睡意完全被擊退。二房東穿著一襲粉紅薄紗，白色內衣褲在薄紗下清晰可見，二房東右手拎著一瓶堪稱是三萬台幣的紅酒，左手拿了兩個水晶酒杯，就在我開門的同時，直接走向我的桌邊，倒了兩杯九分滿的紅酒，二話不說，一口氣乾完整杯，隨即又倒了一杯。

對著我舉杯，說：「來！慶祝我們的相逢！新室友，乾杯！」又一口飲盡。

我看著她說：「怎了？心情不好啊？」我倒覺得她是寂寞吧！

二房東像是發了瘋似地大聲說：「心情不好？我才不會心情不好呢？老娘有的是錢！我只是沒人可以說話而已！自從來了巴黎，我就沒知心的朋友可以一起逛街，一起說說話！我才沒心情不好咧！」我心想：這跟有沒有錢應該沒關係吧！

我問：「妳來巴黎多久了？」

二房東突然聲音變得溫柔了起來：「八年了！」

我說：「八年？好久！」

二房東有些醉意地說：「哪有久？」

我說：「八年很久啊！」

二房東白了一眼：「我是問哪裡還有酒？」

我回：「喔！我還有一些啤酒！」

二房東開了一瓶啤酒，又乾了！我有些怕怕地看著她。二房東迷濛著雙眼忽然說：「啊！床！」說完就脫了薄紗，躺在我的床上。我看著只穿內衣褲的她，有點擔心！擔心的不是她的狀況，而是擔心她吐在我床上！

第四天放學回去時，我就隨便編了一個理由退租了！又搬回留學生中心！許多人在去了所謂的浪漫之都巴黎後，都像迷失了自己，也像脫韁野馬一般地奔放起來，這些點點滴滴的瑣碎事都成為我將來在默劇與繪畫創作上的養分。

後來我寫了一個劇碼，叫做《釣魚》。故事是敍述一個人到了河邊，想釣魚卻沒有釣竿，於是摘了一段樹枝，從衣服抽了一根線，在地上抓了一隻蚯蚓，一切就緒，將釣竿拋入河中，時間一分一秒過去，始終無反應，正當要放棄時，有了動靜，猛一拉，釣起的是一件女性內褲，他覺得疑惑，看了看四周，四下無人，雖然覺得詭異，但還是繼續拋出釣竿，這次上鉤的是一件女用內衣，他慌了，覺得這一切太不可思議，也覺得有趣，他抱著期待，接下來會釣上什麼？果不其然的一拉釣竿，一位裸女在他面前現身，他匆忙地將內衣褲還給女孩，女孩甩了他一巴掌，氣沖沖地離開，他尷尬地收起釣竿，繼續在河邊散步。

這故事背後的含義是說，任何突如其來的際遇都有它的意義存在著，不要有僥倖的心態，只要一步錯了，往後要付出的代價可能是自己無法承受的、無法面對的。

愛聊天的女警

在這期間，所有去巴黎的學生都必須要在當地的警察局核發居留時間，聽說最多給半年的居留時間，而大部分都是只有給三個月，於是我抱著忐忑的心去了警察局。在我排隊的前後都是台灣留學生，這讓我放心不少，前面幾個速度很快，不到五分鐘就結束了，真的如他們所說有的友人拿到三個月，有人拿到半年；輪到我時，因為我的頭髮很長又是大波浪捲髮，有幾分浪漫，接見我的女警一看到我之後就笑咪咪地把我的文件擺一旁，兩手撐著下巴，眨著眼，開始跟我聊天。我可以聞到她身上濃濃的香水味，這一聊就是二十分鐘，這可把我後面的那一位給急壞了，我卻樂壞了。先前辦理好的、在警局外等的也都探頭看著我，想知道我究竟發生了什麼事，我和女警聊著，她時而掩口大笑，時而對我眨眼，我也高興跟她聊著台灣的事，畢竟是個美女，聊完後，她給了我一年的居留權。

我才一出警局，大家關心地問：「怎麼這麼久？發生什麼事了嗎？」我說：「我在當陪聊，聊一聊後，她就給了我一年的居留。」大家驚訝地看著我，說是沒有人一次拿過一年居留權的，我真的很幸運。

視覺上的衝擊

來到巴黎不到一個月，種種視覺上的震撼刺激了我的腦細胞，聖母院的繁瑣雕花、聖心院的純白建築到新凱旋門的極簡風格，還有羅浮宮裡的雕像畫作，在在都刺激了我的繪畫慾望，就是在那麼巧的時候，一位在Party上認識的保加利亞女孩介紹了畫室的工作給我，說是需要一位東方的男裸體模特兒，於是我就去打工。當時是算人頭，一人六十五法郎，每次都大約十人到場，但這是辛苦的，當時是十一月初，巴黎的氣溫是四~六度，四台暖氣機直吹我，才不至於發抖。後來久了，老師知道我也會畫畫，她就邀請我跟他們一起畫，畫完，老師講評時說到我的畫。

她說：「現在已經是一九九五年了，繪畫不再是Copy，而是要畫出自己，你看看別人的畫，你的畫只是在Copy而已。」

我轉頭瀏覽了一下其他學生的畫作，我震撼不已，沒有人是在為「畫得像」這件事而畫畫，每個人都有自己的風格，就像是巴黎的街道，每條小巷弄內的建築都不會是相同的，都有各自的情趣與浪漫。我恍然大悟，原來以前在學校學的「畫得像」這件事只是繪畫的基本功而已，根本還談不上創作這件事；衝擊過大，以至於偶而拿起畫筆卻不知該如何下筆，變得戰戰兢兢，我怯步了。

於是我到巴黎街頭尋找街頭畫家，看能不能理出頭緒，但我失望了，街頭畫家的匠氣是我無法接受的，於是轉往羅浮宮，再度回歸到以前的寫實畫風，細膩的雕像與畫作，百看不厭，反而讓我無法下筆，我知道我需要的是新的體認與認知，需要打破以前學的繪畫技巧，於是我真正的開始了巴黎的生活，細細品味箇中滋味，不論是就繪畫也好、默劇也好，只能將他們從生活中萃取而內化成為養分。

前房客

在睡衣二房東事件後，對於租屋這件事，我變得謹慎，一星期後，找到了在巴黎二十區的一棟公寓。

這公寓坐落在 The doors 樂團主唱與蕭邦安葬的墓園 Cimetière du Père-Lachaise 旁，乾淨且安靜的街道，蜿蜒曲折，我拖著一大箱行李，從地鐵站離開後花了大約半小時才找到住處，其實從地鐵站直接走過去只需十分鐘而已，我心想，只要不再遇見穿著睡衣的房東就好。

我按了密碼鎖，上了四樓。開門的是一位中年的大陸雕塑家：陳先生。他幫我將行李搬到門口旁的房間內，我看著房間有些傻眼。房內是一張紅黑色的雙人沙發床，地板鋪的是黑色膠板，一張小到不行的書桌，書桌旁還有一張房東自己釘的白色層架，層架中間是一台電熱爐與兩個鋼鍋，沙發床旁擺著一台小冰箱。房東介紹著房內的物品，但我卻沒在聽，眼睛直盯著沙發床上散亂的女性內衣褲。

房東似乎是司空見慣了，說：「上一個房客也是台灣來的，是個女孩兒！她不太愛乾淨啦！這些東西過兩天就會來拿走。」我蹙眉點頭。

房東說：「好啦！那這房間就交給你了！」

我點頭，開始整理著前任房客留下的衣物，掃地，挪動著家具，直到搬開小冰箱後，發現一個麥當勞紙袋，我想都沒想就伸手去拿，這可把我嚇壞了，從紙袋裡竄出的是幾千幾萬隻的細長型蟑螂，頓時整面白色牆壁被咖啡灰的線條所吞噬，我大叫：「陳先生！」

房東衝進屋內也嚇傻了，所有的地毯與牆壁已經被攻陷，陳先生大叫：「快踩！」

只見到兩人像是與蟑螂跳著腳步凌亂的探戈，終究不敵大軍的猛烈攻勢，兩人紛紛逃出房間，房東只好拿出殺手鐧：兩罐噴霧殺蟲劑，衝入房內。今天只好再回留學生中心過夜。

第二天，我又回到這裡，已然全軍覆沒，房東正在收拾著殘骸。中午，陳先生邀請我一起吃午飯，兩人喝著紅酒。

房東說：「我知道這女孩是不太愛乾淨，但沒想到這麼髒！不過也不能怪她啦！她每天都忙著做愛，應該沒時間整理吧！」

我一口酒快噴出來：「做愛？」我沒聽錯吧？

房東表情有些忌妒地說：「是啊！她是個厲害的女人！她在我這裡住了一年，從第一天開始就帶男人回家過夜了，從沒間斷過，這還不厲害嗎？」

我下巴快掉地上，眼睛瞪得老大：「哇！」

房東繼續說：「我還看過她一次帶三個回家，半夜叫聲又很大聲，鄰居都來抗議了！你知道這對男人來說是多難受的一件事！」

我微笑：「那倒是！」

房東問：「是不是台灣的女孩都這樣啊？」

我連忙說：「不不不！一點都不是！她應該是個例外啦！」這句話我講得有點心虛，因為腦中浮現了那位睡衣二房東。我用力搖搖頭，似乎想揮去如夢魘般的影像。

我說：「也許是在故鄉太壓抑太寂寞了，到了這個浪漫的地方後，就像脫繮的野馬，狂野了！」房東大笑。

夜裡，我躺在那張曾經夜夜笙歌的沙發床上，感到有些寂寞。

生日禮物

在巴黎的時間很緊湊，早上七點就要出門趕八點的課，中午下課要去龐畢度圖書館找默劇資料，有空就會在龐畢度廣場做街頭表演，傍晚就會買一根法國長棍，邊走邊吃地回家，然後在巷口超市買雞肉，晚餐不是吃雞排就是吃三杯雞，不然就是煮一鍋雞湯，那時同學幫我取了一個綽號：Chicken man。房東陳先生對我很好，經常請我喝紅酒，我就跟他分享我的料理。

陳先生是大陸來的雕塑家，他是藝術移民的其中一批，有兩個女友，我都認識，他把時間安排得很好，誰是星期二來，誰是星期四來，一個是大學教授同事、一個是他的學生，我也經常和他們一起吃飯聊天說地的。一個月過去了。一天剛過中午，陳先生已經獨自一人喝了一瓶紅酒，兩眼笑瞇瞇地邀請我一起再喝一瓶。這是我第一次到陳先生的雕塑工廠裡，工廠裡充斥著雕塑溶劑的味道，架上也散落著許多已完成的小型雕塑，牆角是一箱箱的油土，陳先生似乎並不在意地將桌上的半成品全掃到地上，空出桌子後，搬了兩個木箱，兩人就這樣坐著。

陳先生說：「我看你好像很乖，都沒帶女人回來過？」

我笑：「這是正常的吧！」

陳先生說：「正常？在巴黎的話是不正常的！你不會是喜歡男的吧？」

說完陳先生往後挪了一下椅子，皺眉。

我笑得更大聲了：「不是啊！我不是同性戀！我喜歡女生！」

陳先生說：「那你怎麼都沒帶過女人回來過？」

我回：「我沒人可以帶啦！」

陳先生笑：「哎喲！是你不知道方法吧！來來來，我教你！」

陳先生自顧自地繼續說著：「你的廚藝這麼好，你就邀請她們來吃飯啊！然後晚上十點過後，你就摸摸她的手、臉頰之類的，然後主動親吻她，再看看她的反應囉！如果她也喜歡你，就會留下來陪你過夜了。但是過了十點，你還沒有摸摸她、親親她，她反而會覺得自己沒有吸引力，沒有魅力，她會很生氣的，你以後就不必再見她了！」

我啞口無言，這讓我想起了高中時的學妹，就是因為這樣，所以不再跟我聯絡。

陳先生說：「你就試試吧！這就是巴黎的浪漫！」

我回：「喔！好！」

又過了一個月。這一個月中，我發現每星期二是一位有些年紀的大學女教授來住處與陳先生共進晚餐，星期四則是位雙頰緋紅的女大生。在剛送走女大生後，陳先生敲了我房門。

陳先生說：「你都認識她們了吧！她們都是我的女朋友！你千萬不可以讓她們知道另一人的存在！」

我笑著說：「當然啊！」然後陳先生說有事要出門，就離開了。

傍晚，女大生回來了，陳先生並不在家，女孩覺得無聊，就到我房裡坐著，她看見我書桌上擺著一台IBM486的電腦，就擅自打開電腦玩著，看著，我也沒阻止，就讓她玩著電腦，我觀察著女孩的皮膚，就是那種古典畫派裡少女的肌膚，溫潤的脂肪下透著迷人的粉紅，我看得出神。

女孩突然轉頭用生澀的英文問：「你覺得我有魅力嗎？我好看嗎？」

我醒了過來：「妳很好看，很美！」

女孩問：「那你為什麼不過來抱我？」

女孩出其不意地問了這句話，著實讓我的心臟猛然地跳了幾下。

我支支吾吾說：「陳先生快回來了！」

女孩回：「所以你才要快一點啊！」我心跳加速，笨拙地起身走向她，手才剛舉起，門口鑰匙聲大響。

女孩失望地說：「Too late!」

突然又大聲地說：「Do you know how to use Windows WORD?」

我的心臟快停了，勉強地說：「英文版的與法文版的使用方式一樣啊！就……」陳先生看見女孩在我房裡，笑了笑，女孩進了他的房。晚上，女孩離開，陳先生與我坐在雕塑工廠喝著紅酒。

陳先生劈頭就問：「你覺得她怎樣？」

我裝傻：「誰？」

陳先生說：「就剛剛那個大學女生啊？」

我快窒息了：「很好啊！」

陳先生又問：「你吻她了沒？」我一臉難看，他嘴角卻露出一絲笑意，我就像是當場被抓包的小王。

我用顫抖的聲音說：「沒……沒有。」

陳先生皺眉說：「你怎麼那麼不解風情？難怪她剛剛跟我說自己一定是個沒有魅力的女孩，她好失望！」

我低著頭，不發一語：「……」

陳先生繼續數落：「你這樣不行啦！我故意要她早點來你這裡的，明天不是你三十歲生日嗎？這是禮物！是禮物啊！」

我錯愕地問：「她不是你的女朋友嗎？」陳先生眼睛瞪得老大，一副孺子不可教的失望。

我回到房裡，吃著自己的宵夜，索然無味，躺在床上始終無法闔眼，似乎空氣中還彌漫著女孩的體香。

Chicken man

每次同學打電話來問我在做什麼？我都會回答：「我正在煮雞！」不然就是：「我正在炸雞！」或者是：「我在做三杯雞！」這件事就這樣傳開了，感覺我好像只吃雞，於是同學幫我取了一個綽號：Chicken man。我當然知道 Chicken 有另一層含義，就是膽小、懦弱的意思，但我一點都不在乎，好玩嘛！

況且當時賣場大特價時，兩隻全雞才三十法郎，為了省錢，理所當然的就買了雞肉，然後想盡辦法做出不一樣的雞肉料理，巴黎香料店的香料又特別豐富，各國的香料是一簍一簍地攤在你面前，這誘惑我可是抵擋不住，而且那時整隻豬腳連大腿也才三．二法郎而已，我是沒那麼大的鍋，不然我就買了。

當然同學這樣稱呼我，也覺得是種幽默，我也就毫不在意了，我也樂於跟我的房東分享我的雞料理，因為可以換免費紅酒喝，實在是划算。但事後我才真正地了解到，在感情上我真的是 Chicken，一點也不為過。

美麗的樹與森林

在失去房東陳先生的禮物後的第二天，就是我三十歲生日。

第一學期的課程也在老師的民族優越歧視中度過了將近一半，課堂上的人數越來越少，原本五十人的班級，現在僅剩下不到二十人，我身旁坐的仍然是那位十九歲的女孩，叫凱薩琳。當她聽說今天就是我的三十歲生日時，她簡直比我這個壽星還興奮，執意要到我住處幫我做一頓大餐，慶祝一下，我當然說好，畢竟這是難得來的小小幸福。

中午下了課，兩人一起採買，一起選酒，途中喝了杯濃縮咖啡後，回到住處，開門的是房東陳先生，陳先生一看見我身後的小女孩，突然咧嘴露出奇怪的笑容，猛點著頭，然後回房去。

凱薩琳飯後，做了一個蘋果派，吹了三根蠟燭，兩人甜蜜地吃著。我收拾了一下滿水槽的碗盤，正準備要洗的時候，凱薩琳說：「你去那邊坐著，壽星是不用做家事的！」我笑了，在沙發上坐著，喝著咖啡，抽著捲菸，看著凱薩琳洗碗的背影，突然有種新婚小倆口甜蜜的幸福感浮現，我一股衝動想過去從後面抱住她，於是起身接近她的身體，雙手才舉起，她就一個轉身面對著我，我驚了一下，心臟快撕裂似地猛跳著，我卻一個側身拿了桌上已洗好的紅酒杯，透著窗外的陽光說：「洗得真乾淨！」

凱薩琳高興地笑著說：「是啊！我經常幫我姊做家事，我跟她一起住，她在這兒學音樂，有空去我那兒坐坐吧！」

我拿著酒杯掩飾著已紅通通的臉應允著：「好啊！」

我回到沙發上，問：「妳有沒有男朋友？」

凱薩琳說：「沒有啊！」

我問：「沒想過要交嗎？」

凱薩琳回：「有想交啊！」

我再問：「當我女朋友如何？」

凱薩琳笑笑說：「我爸爸從我小時候就一直告誡我說：『不要為了一棵樹，就放棄了整座森林！』所以囉！還不急啦！慢慢找就可以了！」她並沒有回答我。

我抿嘴後，說：「那如果這是棵美麗的樹呢？」凱薩琳不再回答，洗完餐盤後繼續整理著我房間的擺飾，活像個老媽子似的。

第二天，我就受邀到凱薩琳家裡，見到了她的姊姊，其實一般人是很難想像的，一對姊妹的長相居然差這麼多，完全不像同一對父母生的，雖都很美，但姊姊居然比她小了一號，嬌小的身軀活像個國中生似的，餐後我回到住處。半夜，姊姊打電話來要我隔天中午到她家裡，說是有事找我幫忙，朦朧中我答應了。

第三天，凱薩琳未到校，我想一定是發生什麼事了！中午一下課火速地趕往凱薩琳家中。

姊姊開了門，我劈頭就問：「凱薩琳呢？她還好嗎？」

姊姊笑彎了眉說：「她今天有事不在，就我們倆！」

我回了一聲：「喔！」

姊姊拉著我的手進屋子裡，我正想著要來幫什麼忙的時候，姊姊紅著臉說：「你可以抱著我嗎？」

我錯愕：「嗄？」

姊姊低著頭說：「你可以跟我到臥室嗎？」

我問：「怎麼了？」

姊姊說：「我明天就要鋼琴獨奏畢業考試了，我很緊張，我男朋友也沒空！你可以幫我這個忙嗎？」我內心狂喜得雀躍了，才要開口回答，凱薩琳卻回來了，永遠都是在最巧的時候，讓我踩了煞車，上帝是在跟我開玩笑嗎？

凱薩琳見姊姊牽著我的手，大聲問我：「你怎麼會在這裡？」

姊見狀馬上甩掉我的手，輕描淡寫地說：「我找他來幫我搬東西！」

我支支吾吾地回答：「喔！已經搬完了，我正要走！」完全就是被抓包的模樣。

凱薩琳陪著我走向地鐵站，一路上不吭一句，突然凱薩琳大叫推開我：「你不是說你喜歡我？你幹嘛單獨去找我姊？你到底是喜歡我姊還是我？」

我回：「我當然是喜歡妳！」

凱薩琳繼續質問：「那你為什麼還要這樣做？」

我低頭回答：「因為在妳面前我感到不會是那棵完美的樹，妳不是說還有座森林等著妳去尋覓嗎？」

凱薩琳流著淚：「笨蛋！大笨蛋！第一棵樹永遠都會是最美好的啊！」

我看著凱薩琳掩面狂奔的背影，心裡一陣糾結：「是啊！我是個大笨蛋，是個永遠不會把握機會的大笨蛋！我就是名副其實的 Chicken！」

LE PALAI DES THÉ

槍口餘生記

後來有一次參加 Party 過了最後一班地鐵的時間，只好借住英國女孩 Amanda 的家，當晚到她家後，她就去淋浴了，回房時，浴巾一脫，居然全身赤裸，在我面前穿起內衣褲，我確實是嚇了一跳，但她似乎不覺得奇怪，後來各自睡各自的，因為參加 Party 實在是一件很累人的事，但我怎麼可能睡得好？迷迷糊糊的天就亮了，我搭了第一班地鐵回家，出了地鐵站就是墓園的圍牆外，我走在高聳的圍牆下，身穿美軍的迷彩大外套，一頭毛燥又捲曲的長髮，還邊走邊抽著捲菸，這形象有些詭異，一台警車剛好巡邏經過我，立馬緊急煞車，煞車聲嚇到了我，刺耳的輪胎聲，我站定看著警車，警車上四位警察全下了車，一見到我正在熄菸，立馬掏出手槍對著我，我也馬上舉起雙手，對著他們乾笑著，我居然還笑得出來？我一定是瘋了，我心想：「這是什麼情況？發生什麼事了嗎？」

四位警察用槍指著我，然後慢慢地靠近我，一位年長的使了一個眼色，要年輕的過來搜我身，他摸著我軍用外套的大口袋，發現一盒硬硬的立方體，他開始緊張起來，大叫著要其他人的槍別放下，他像是擠牙膏一樣地慢慢將硬盒擠出我的口袋，我可以感覺他的手在顫抖著。

我說：「這是一盒香菸啦！」我正要伸手去拿，老的警察喝斥我，要我不要動，我又被嚇到了，不敢動。當他一擠出來，發現確實是香菸盒時，四個人都鬆了一口氣，然後我想起老師說過隨身都要帶著學生居留證，於是我正想伸手進外套拿的時候，老的警官又喝斥我：「不准動！」四支槍口又對著我，我看年輕的警察已經緊張到快尿出來了吧！就像是電影情節，我用左手的食指與大拇指慢慢捏著我的外套邊緣，掀開外套，然後再用右手的兩隻指頭慢慢地伸入內層口袋，捏出我的地鐵月票，再緩慢地將學生居留證從月票袋裡拿出來，老的警察拿過去看了一眼，示意槍可以放下了，我呼了一聲。四位警察笑了，我也笑了，他拍拍我的肩膀，要我別再穿這件外套，因為不久前才發生垃圾桶炸彈事件，所以他們都很緊張。

回家後，我就把外套扔了。

Party 前，被通知說要去地下墓穴（Catacomb），希望所有人都要穿準備丟掉的衣褲與鞋子，於是我翻了一下，把我最爛的衣服鞋褲全穿上了，整裝出發。我們是在一處咖啡館前集合，然後一群大約二十五人被帶往廢棄的地鐵站裡，沿著鐵軌走了大約二十分鐘，隊伍突然停了下來，說是到入口了，大家正在奇怪，哪來的入口？大家拿出準備好的蠟燭點燃，才看清楚原來入口就是地上的一個小圓洞，只能一人進出的大小，此時第一個人拿著地圖先下去，是個美國人，在巴黎當教授，因為他的教授身分，才在圖書館裡取得這份地圖，他也說沒地圖會迷路，於是就先下去了；第二個人拿著音響，說是一路都會開著音響，若是迷路的話就跟著音樂聲音走，接著大家依序跳下去，跳下去後還得先狗爬式經過一小條狗洞式的通道，才能進入較寬的隧道。隧道內很窄，一定要倆倆牽著手，跟緊著前方，不然會迷路，我是跟一位瑞典女孩牽手，Lucky！

隧道一下子豁然開朗，但是水深及腰，寸步難行，大家依序走著，不時有人大喊迷路了，前方的人就會停下來等，然後繼續往前，隧道有時寬、有時窄、有時高、有時低、有時全都是水，幾乎快淹到胸口，這時才了解，為何要規定穿著要丟的衣服來，而且第二個人要把音響開得很大聲，是為了要大家辨別方向用的，真的是怕有人會迷路，因為裡面就是一個迷宮，隧道蜿蜒曲折，沒有地圖是一定迷路的，加上過程中不斷出現岔路，岔路之多無法比擬。大約走了一小時，我看見岔路的牆壁上有用石板刻成的路標，完全就是個地下城，據說是十六世紀為了躲避宗教迫害而挖的複雜迷宮；又過了大約半小時，一下子到了一個大洞窟裡，看起來應該高有超過五公尺以上；再過一分鐘左右，另一支隊伍從另一個入口出現，也是大約二十五人。我們會合後，清點人數，而後歡呼，因為全數到齊，然後音樂開得超大聲，這時才低頭發現所有人的衣服上沾滿了黑黑的木炭屑，八成是剛剛水裡面的成分。若是想要經歷一下，法國有一部電影叫「忐忑」，他的拍攝地點就是我們當初去的入口通道。

此時 Party 開始，每個人都將蠟燭點亮，五十支蠟燭照亮了洞窟，大家各自拿出紅酒，這是我第一次喝到用寶特瓶裝的紅酒，因為便宜，兩公升才二．三法郎，那時是一比五．六的台幣，夠便宜了吧！也不是太難喝，聽說是專門賣給流浪漢喝的，這時有的人跳著舞，有的人吸大麻，坐在我身旁的是一位美國男孩，他就吸了幾口後，突然變得安靜，然後又突然拉著我的衣袖說：「你有沒有看見 Anna 正在拿刀子刺那個誰誰誰？」

我說：「沒有啊！」

他驚恐地繼續說：「怎麼會沒看見？整個山洞牆壁都是血啊！」我留他一人在那兒驚恐，不想理他，我起身去拿酒，然後許多人居然開始擁吻著。

我心想：「這不會是什麼洞窟裡的性愛趴吧？」還好不是，我和一名可愛的瑞典女孩聊著天，是學舞蹈的，她聽說我會演默劇興奮得不得了，互相留了聯絡方式。

大約清晨五點多，我們五十人開始移動，我牽著那位瑞典女孩，一起從另一個出口走進隧道，就像來的時候一樣，各式各樣的隧道，也是走了大約一小時半，出來後一群人到了露天咖啡館用早餐，路人用奇怪的眼光看著我們，因為所有人的臉上不只是倦意，還有滿滿黑黑的碳屑，衣褲上也全都是，看上去就像是一群流浪漢在露天咖啡館吃早餐的景象，煞是詭異。

帶我回家

在巴黎住了四個月後，終於遇到了傳說中的大罷工，所有的交通工具全部停擺，剛下課的我正想著該如何去晚上的聚會時，同班同學伊麗沙貝絲叫住了我：「你今晚要一起去聚會嗎？」

我說：「會啊！但怎麼去？大罷工噎！」

貝絲說：「沒關係，我男朋友會開車去，跟我一起等吧！」我點點頭。

兩人從學校穿過盧森堡公園向北走去，公園地板上正鋪著一層厚厚的紅黃相間的楓葉，兩人哼唱著 Lou Reed 的〈Walk on the wild side〉，然後來到聖米雪大道旁的一家咖啡館裡喝著咖啡。大約才十分鐘左右，接我們的車就來了。一路上貝絲與她男友用德文嘰哩呱啦地聊著天，像在唱饒舌歌，口水幾乎都快噴到前擋風玻璃了，我聽不懂，只能看著窗外，星期五的傍晚，巴黎街道透著一股濃濃的浪漫狂歡氣味。

車程大約一小時多，我們來到郊區時已經八點多了，我搖下車窗看著，原來，這就是留學生中心管理員口中說的，一個月三千法郎的獨棟別墅，有前後院加上兩層樓高的白色建築。我們一下車，天空就開始飄下靄靄白雪。

貝絲說：「看來今天回不了巴黎了！」我們一推開門，重砲低音就當面席捲而來，放的是 Techno 的音樂，我定睛一看，屋裡滿滿的人，連移動都很困難，一群群的人倒臥在沙發上、餐桌上、地板上，連電視機上都可以坐著兩個人，我才一轉頭，貝絲和男友已經消失在人群當中，我本能地問了身邊的人：「這次誰是主辦？屋主是誰？」我想說似乎應該先打聲招呼才對，沒想到連續問了六個人，沒人認識屋主，於是作罷。

終於，我也擠到了一丁點的位置坐了下來。才剛坐定，身旁的人就問：「你手上怎麼沒酒？快去廚房拿！」

我問：「廚房在哪？」

那人隨便比了一個方向，我就去了，努力與人海抗爭後，終於到達了彼岸，根本就不是廚房，是臥室，我癟了一下嘴，但是看見臥室的桌子上有啤酒，也就不客氣地用打火機開了瓶蓋，喝著，此時參加聚會的人越來越多，紅酒、啤酒也越來越多，剛進來的人就把帶來的酒用人工傳遞的方式，傳輸進每一個需要酒的房間裡，我看著「人手傳輸帶」，覺得有趣，但隨即發現自己也走不回原來的座位了，索性就在臥房倚著書桌喝將起來。

突然一名看似中年的女子突破重圍，伸出一隻手向我，我拉了她一把，她脫困，女子用法文道謝，她在桌上隨手拿了剩下半瓶的紅酒，一口灌下。

女子看了看我，轉頭問：「你從哪來的？」

我說：「是巴黎二十區。」

女子瘋狂大笑：「我是問你的國家啦！」

我回：「台灣。」

女子點頭說：「噢噢！就是那個有國民黨與民進黨的地方嗎？」我很訝異她居然知道。

我著實嚇了一跳，但感到親切：「是啊！就是那裡了！」

女子繼續說：「你好可愛！頭髮好漂亮，眼睛好好看！」

我靦腆地回：「謝謝……」

女子繼續問：「你說一說台灣好嗎？」

我老實地回答著：「台灣就是福爾摩沙啊！台灣的夜市……」

女子突然用法文插話：「好啦！那你在這兒做什麼？念書嗎？還是工作？還是重金屬搖滾樂的歌手？」說完自己大笑著。

我硬著頭皮用法文回答：「我……我是學生。」

女子眼睛一亮，想再繼續追問。

我卻因為要說法文而頭皮發麻，只想快點逃走。

我說：「抱歉！我去一下廁所！」

回來時，女子已經離開，我喘了一口氣，身旁一位一直看好戲的法國男子湊到我身邊，對我說：「你知道你可以帶她回家嗎？」

我搖頭。男子說：「她的肢體就一直對你說：『帶我回家！帶我回家！』你看不出來嗎？」我還是搖頭！

男子繼續說：「你不帶她回家，她也會跟別人回家！」

我心想，這麼大的雪，就算想回家也回不了家吧！我顯然已經有些醉意，自己蹲在窗邊，想看窗外的雪，玻璃卻清晰地反映出屋內的男男女女相互擁吻，糾纏擁抱的景象。

我在酒精肆虐的渾沌中，想起了但丁神曲地獄篇中的縱慾片段：

「愛慾，不容被愛者不去施愛。猛然藉此人魅力將我擄住。你看，他現在仍不肯把我放開。愛慾，把我們引向同一條死路。」(Inferno V 103-106)

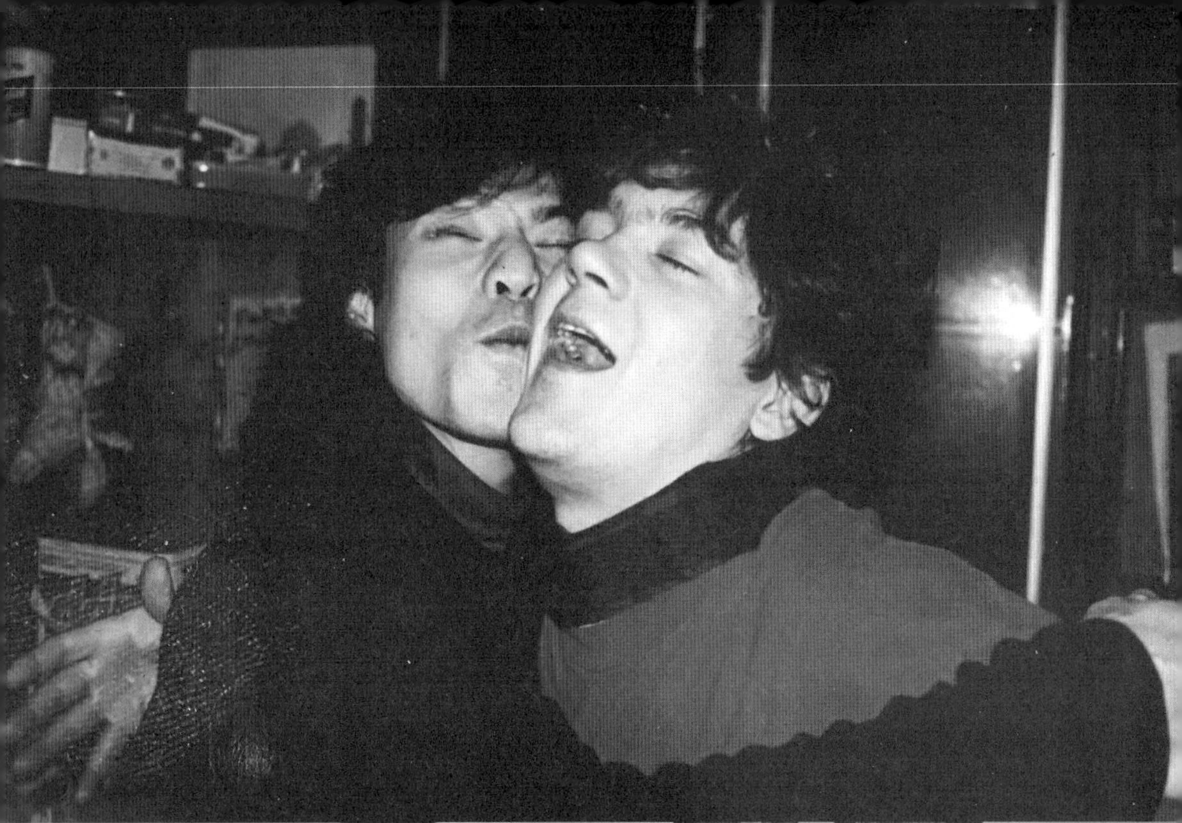

野餐

一九九六年二月，初春的氣息在巴黎非常顯著，前一天看到的枯樹枝，才過一個晚上就布滿了綠芽；中午十一點下課後，同學邀我一起去參加Picnic，我們買了各自要吃的午餐，就前往集合地——位在巴黎市郊東方的文森公園（Bois de Vincennes）地鐵站，一到集合地，才發現原來是五十人的大型野餐活動，就是上次去地下墓穴的那群人，五十人浩浩蕩蕩地走向公園裡，泥土地上已經冒出青翠綠的嫩草，我們各自攤開野餐墊，互相分享著帶來的午餐，那是我到巴黎後的第一次野餐，好盛大，有人放著音樂，有人吃飽後隨音樂跳著舞，我幻化成遊牧吉普賽，大家一起歡笑唱著歌、跳著舞；第一次吃到新鮮茴香，水嫩多汁，第一次吃藍起司（Blue Cheese），好多的第一次，好多可以當成回憶的破碎記憶。

學生大罷工

罷工已經第三天，連大學生都加入，我和德國同學漢斯兩人下課後，在一旁人行道看著示威的人流緩步前行，我們覺得好玩就在一旁跟著走，想聽聽看到底這次罷工的訴求是什麼，但是還來不及瞭解，事情發生得太急太快，突然隊伍前方發出玻璃爆裂的聲響，接二連三的有人開始砸路旁的櫥窗玻璃，前方隊伍出現很長的哨音，我倆只見到前方的學生像發了瘋似地全衝著我們跑來，我倆互看一眼，覺得有些奇怪，再定睛一看，不得了，一群警察拿著警棍打著沿路的人群，到處都是鮮血直流的人，漢斯大叫：「快跑！」我倆頭也不回地向後衝，眼看警察已經在我們身後了，漢斯大叫：「往左！」我跟著他鑽入一條小巷子，警察衝過巷口，還好驚險地躲過一劫。

接下來的幾次罷工，我跟漢斯都乖乖地迅速回家，不敢在街上閒晃了。

浪漫之後的插曲

我在龐畢度中心廣場演出完畢後，卸了妝，坐上地鐵七號線，來到了新橋（Pont Neuf）。

我格外地喜悅，因為今天同學約我到餐廳吃晚餐，到巴黎也五個多月了，還沒到餐廳用過餐，我提著大包小包的化妝箱走在塞納河畔，前往約好的餐廳，路燈的黃與透藍色的天光籠罩著整個河畔，我吹著口哨邁向目的地。

途中，一對熱戀的情侶在河畔昏黃的路燈下，激烈地舌吻著，我駐足看著他們，感到幸福無比，熱戀中的男女也轉頭看著我，三人彼此微笑點頭，我突然覺得這簡直就是世間最浪漫最唯美的愛情戲了！我正想繼續向前走時，看見一名東方女子正朝我走來，我忍不住多看了她兩眼，只見她兩眼瞪得老大，一直離不開那對戀人，我對東方女子微笑點頭！

東方女子卻突然用手指著熱戀男女，用中文大喊一聲：「齷齪！」頓時空氣凝結成硬邦邦的冰塊！我錯愕。

東方女子隨即轉頭對我大喊：「你還看？更齷齪！」喊完，頭也不回地離去。

我心想：「在巴黎用中文謾罵誰聽得懂？」

那對情侶也被震到，停下了原本熱切的節奏，我們三人互相望了一眼，我兩手一攤聳聳肩，離開。

我憋著剛剛莫名其妙的氣到了餐廳與朋友碰面，才一翻開菜單，愣住了！我身上只有六十法郎，只能點一客沙拉。服務員送上餐點後，我更傻眼，一小碗生菜，全是萵苣，只淋了一匙橄欖油，上面擺了兩顆黑色小橄欖，兩薄片法國麵包，要價五十法郎。

我用很慢的速度吃著，花了將近一個小時，似乎想品嚐出其中的昂貴滋味。

愛聊天的法國女

這時已經是學校期末考的時間，早上第一堂課就要考試，地鐵卻坐一半，突然廣播說是罷工開始，地鐵停在我從來沒去過的車站裡，我走出車站，完全不知方向，學校在哪裡？我又沒帶地圖，正不知何去何從時，在紅綠燈前，看見一名提著菜籃的女子，約三十出頭，我上前用生澀的法文問她，我們學校在哪裡？

她卻對我很感興趣地跟我聊了起來，一聊就是半小時過去了，我急得像熱鍋上的螞蟻，考試就要遲到了！心裡直犯嘀咕，後來她看我頻頻看錶，才問我怎麼了，我跟她說我第一堂課要考試，她馬上二話不說，就告訴我學校方向：「過馬路，然後左轉，就會看到。」我還半信半疑，有那麼近嗎？果然，我根本就在學校側門旁的巷弄內，法國人真是個自由隨性又喜歡聊天的民族！還好，那天我還提早了五分鐘到校。

代價

在巴黎的期間，有空就會寫劇本，會和一位德國來的同班同學互相討論，每次都被駁回，不是不夠細膩，不然就是沒有傳達出真正的心意或是隱藏的含義。在巴黎的半年，彷彿已經在那兒生活了六年一樣，我一直視巴黎是我的家鄉，我愛巴黎的自由，在那兒總有一些事件正在發生著，我總是可以從生活的蛛絲馬跡裡找到創作的靈感；然而，家裡不再支持我留在巴黎，在畫室當裸體模特兒或是街頭表演所賺的錢，根本不夠支撐我的學費與房租，於是決定回台北，賣了電視機、電腦與一些生活用品後換來了一張單程機票，凱薩琳私下塞了四百給我，讓我可以從桃園機場回到台北家中。

等我回到台北青田街的家門口時，我才知道家人早已搬家，應該是忘了通知我，一個人在青田街裡拖著行李閒晃，忽然想起家裡的電話號碼，但不知換了沒有？試著打過去，還好，號碼沒變，才順利回家。

回家之後，家人說在搬家時把我從高中到去巴黎前的畫全部丟了，一張都沒剩，我傷心欲絕但也無濟於事。也許這就是我去巴黎的代價，要我走上戲劇之路吧！

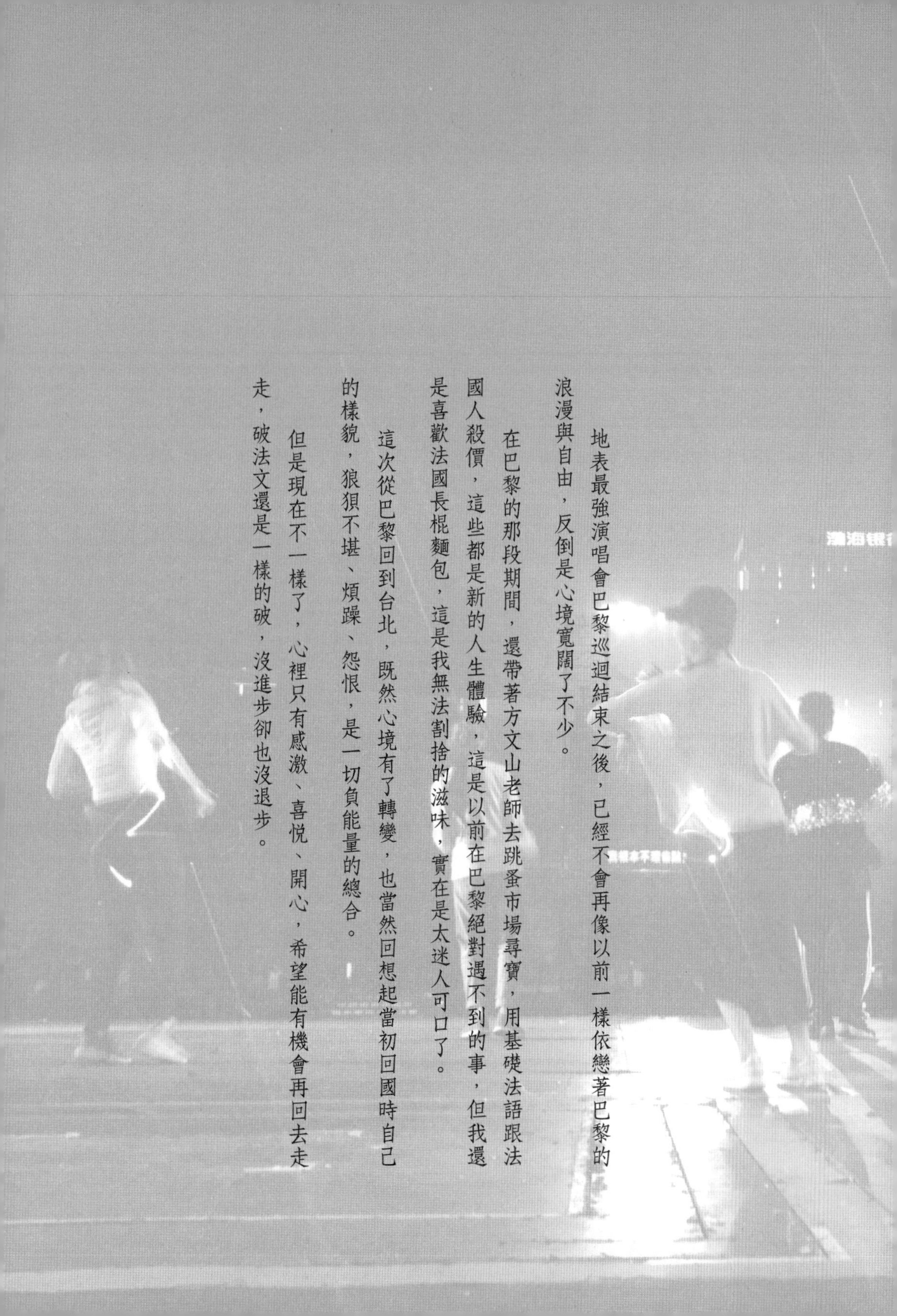

地表最強演唱會巴黎巡迴結束之後，已經不會再像以前一樣依戀著巴黎的浪漫與自由，反倒是心境寬闊了不少。

在巴黎的那段期間，還帶著方文山老師去跳蚤市場尋寶，用基礎法語跟法國人殺價，這些都是新的人生體驗，這是以前在巴黎絕對遇不到的事，但我還是喜歡法國長棍麵包，這是我無法割捨的滋味，實在是太迷人可口了。

這次從巴黎回到台北，既然心境有了轉變，也當然回想起當初回國時自己的樣貌，狼狽不堪、煩躁、怨恨，是一切負能量的總合。

但是現在不一樣了，心裡只有感激、喜悅、開心，希望能有機會再回去走走，破法文還是一樣的破，沒進步卻也沒退步。

第七章　打通任督二脈的戲劇之路

巴黎留學回台後，一直無法忍受台北的生活，心底充滿了抱怨，一下子覺得人很沒禮貌，一下子又怨恨不夠自由，一下子又感覺走在路上被人指指點點，這樣的困擾整整纏繞著我半年之久。

半年後的一天突然頓悟了，我告訴自己：「真正的自由是在心裡，而不是在哪一個環境或是城市裡，不要受限於既定的觀念。」於是我又整整花了將近半年時間才適應台北的生活，擺脫不自由的想法，終於重獲自由。

後來經過高中同學夏紹虞的介紹去片廠當美術助理，去的第一天就遇見了紅色製作所的陳宏一導演，導演問我會不會演戲？我說：「我會演默劇。」所以就把我介紹給他的太太莎士比亞的妹妹們的劇團的魏瑛娟導演，也因此開啟了我的舞台劇之路。此時也正是我熱衷台北的咖啡館之旅，後來在一家三十五度C咖啡館認識了女店員小七，實踐大學織品服裝系的女孩，認識的過程裡，得知她有重度憂鬱症，所以我經常帶她去劇團看演出排練，我不求能拯救她，但求她能走出陰霾，而我也漸漸地沈淪在劇場人的激烈愛恨情愁裡。

莎士比亞的妹妹們的劇團

也許是因為以前參加過人子劇團的訓練，因此對戲劇肢體並不陌生，很快地融入了劇團的演出訓練，純粹的肢體表演，讓我感受到了小劇場的蓬勃發展與極強大的實驗性風格，當時的我就像海綿一樣，不斷吸收，不只接觸了新的肢體概念，也同時接觸了音樂，這就是我將來會開始自己創作默劇音樂的啟蒙。

第一齣演的戲是一桌二椅，純粹的肢體演出，導演王嘉明在劇中加入對其他演員來說都很新鮮的默劇肢體，當然我也毫無忌諱地傾囊相授，那時大家對於默劇真的很陌生，還停留在拔繩子、摸玻璃的基礎階段，這是對默劇最制式化的觀念，當時一提起默劇，大家會模仿的就是摸玻璃與拉繩子這兩個動作；但其實正是因為這兩個動作是默劇裡最最基礎的根本，其餘動作幾乎皆是由這兩個動作延伸出去的，所以學默劇的首要課程就是學會這兩項基本功之後，才能進入下一階段的訓練。

我和小七約了看我的演出，她卻在演出完畢後，直接離開不見蹤影，本來約好的咖啡館之旅也因此泡湯。第二天她跑來我的住處做作業，像是不曾發生過爽約這件事，心情看起來是平靜的，我知道她昨天應該是發病了，想一個人靜一靜，我也不好多說什麼，她安靜地做著作業，不時會來問我對於她作業的感覺，我老實地回答她。

作業做了一半突然對我說：「我們來做愛，好嗎？」

我問：「怎麼了？」

她說：「心情突然跌到谷底！我需要發洩一下！我不喜歡這樣的感覺！」

我說：「那做了愛就會好嗎？」

她答：「不一定會！」

於是我和她聊了近三個多小時，她情緒終於舒緩下來；她離開後，再見到她已經是好幾個月之後的事了，我們算是在交往嗎？我也不知道，應該不算吧！

接下來相繼演出《天使塵埃》、《Zodiac》、《低音十三分之七拍譜》。在《Zodiac》這齣戲中，我飾演一名充滿內心戲的殺人狂，我於是思考著，如何將內心戲轉往默劇裡，這時我想起了小七，在小七的世界裡有許多的內心戲，有時外表看不出來，但內心卻激盪不已，又有時會突然發飆，嫌東嫌西，有時又像是吵著要東西的孩子，大哭大鬧，情緒變化之快，她當然也成為我的默劇觀察素材之一。

我經常跟學生說，不管默劇動作是否精準，在表演時要先說服自己，例如一個拿杯子的動作，演員要先看見杯子的材質顏色重量，杯裡裝了多少的水，杯子是放在什麼樣的桌子上，桌子多高？多大？這些都要先在腦中畫出藍圖，自己要先看到，自己要先相信這些都是真實的，再去演默劇，只要演員相信是真的，就能說服觀眾那是一只擺在桌上的杯子，而觀眾也會看見那只杯子與桌子。這就是默劇演員的內心世界，而這一切的心境感觸都是從小七身上所體會的真實情緒，因為她一直走不出來，所以她的內心戲有時容易顯露出來，因此她成為我的「內心戲」參考的對象。

河左岸劇團

在河左岸時期的最大恩師，是黎煥雄導演，他是一位詩人。對我來說，有時他的劇本如新詩般有著層層堆疊的句子，艱澀難懂，但他總可以將這些虛幻的句子化為神奇的舞台肢體，讓我在將來默劇劇本的創作上受到很深的影響，因而發展出兩種劇本模式，一個是默劇的動作劇本，只記錄默劇動作，不含情緒，機械化的動作紀錄；另一種劇本模式，則是像寫故事一樣，敍事與情緒起伏重於肢體的表現，在這種劇本裡是幾乎看不到動作的呈現，是一種如內心戲的起承轉合。換句話說，後來在接默劇案子的時候，故事性劇本是給客戶看的，較容易了解，動作劇本是給默劇演員看的。

在劇團裡我認識了一位女同志小芳，面貌身材姣好，不失個性的裝扮，因為她，我認識了更多的女同志，我們好到她們會隨意地抱著我，有的還會親我，這倒是讓我有點不知所措。

有次和小七約在延吉街巷弄內的咖啡館，才一進門，就看見小芳與她的女友們，打了聲招呼，就坐了過去，互相介紹一下，她們與小七開始熱絡地聊著，小七也愉快地聊著；也許是跟她提起過這群朋友有關，後來，其中一位妝扮像男孩子的約了小七，她們就先離開咖啡館了，咦？小七不是要跟我喝咖啡嗎？怎麼先走了，小芳察覺我的失落，安慰著我。

小芳問：「她是你女友？」

我說：「我不知道算不算？是有在交往啦！」

小芳又問：「你難道看不出來，她是 Bisexual 嗎？」

我愣了一下：「是嗎？這怎麼看得出來？」

小芳回：「我們有雷達啊！當然看得出來。」

我想起了以前那位文化大學的女大生，心口翻攪著。和小芳喝到傍晚，一起去排練場排戲，我只想趕快忘記這一切的荒謬，屬於我的荒謬劇。

在劇團裡我相繼演出了《虛構飛行》、《妻夢狗》、《童話公路施工中》、《星之暗湧二〇〇〇》、《童話公路 PLUS》、《百夜詞》等的舞台劇。而印象最深的就是《虛構飛行》，結合了現代舞蹈的肢體並融合舞蹈劇場，再加入默劇的元素，是一齣多元的肢體呈現總和。如詩一般的台詞，想像力四射，是一齣以舞蹈劇場為基礎的舞台劇，而舞蹈的部分則是影響我默劇最深的環節，當時是淑芬老師帶領著我們從完全未知的領域認識了碧娜．鮑許（德語：Pina Bausch，一九四〇年七月二十七日～二〇〇九年六月三十日）的舞蹈劇場，對那時的我來說是一種全新的視野與嘗試，有別於接觸即興式的舞蹈；舞蹈劇場是一種以劇場形式呈現的舞蹈，碧娜．鮑許說：「我並不在乎人如何動，我關心的是人因何而動！」這正貼近了我所說的，舞者幾乎不問為什麼下一個動作是這個動作而不是其他的動作，而演員關心的卻是為何要做下一個動作？原因是什麼？

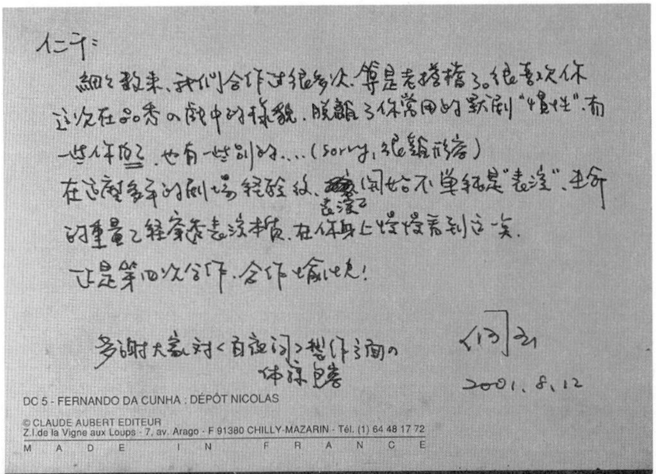

仁千：

細細數來，我們合作過很多次，算是老搭檔了。很喜歡你這次在品秀の戲中的樣貌，脫離了你常用的默劇"慣性"，有一些你自己，也有一些別的……（sorry，很難形容）

在這麼多年的劇場經驗後，表演已開始不單純是"表演"，生命的重量已經容許表演本質，在你身上慢慢看到這一點。

這是第四次合作，合作愉快！

多謝大家對〈自說詞〉製作方面の体諒包容

何[illegible]

2001.8.12

DC 5 - FERNANDO DA CUNHA : DÉPÔT NICOLAS

© CLAUDE AUBERT EDITEUR
Z.I.de la Vigne aux Loups - 7, av. Arago - F 91380 CHILLY-MAZARIN - Tél. (1) 64 48 17 72
M A D E   I N   F R A N C E

皇冠舞蹈空間

會加入舞蹈空間，是因為默劇肢體的特殊，有時看起來像是舞蹈，但敘事性又極為強烈，因此受古名伸老師之邀加入舞團，做為期半年的舞蹈訓練，這訓練當中第一次知道「接觸即興」這種舞蹈方式，這對我的衝擊非常大，影響也至深。我一向不太習慣或是避免跟其他表演者有肢體上的觸碰，也許是因為許多的默劇演出都是一個人可以完成的，也可以一人分飾三個角色，都不成問題。

正因為接觸即興的關係，練舞時經常觸碰女舞者的身體，而這樣的舉動，讓我發現對其中一位女舞者有了感覺，我以為我又戀愛了，那位女舞者也經常跟我一起聊天，漸漸地我真的以為我戀愛了。

後來有一天，她說：「我男朋友會打我，我在考慮是不是要繼續下去。」

我當然竭盡所能地告訴她：「這樣應該跟他分手，你不該繼續遭受這樣的對待。」當然我是希望他們分手，我好壞！

後來我以為可以開始跟她交往時，她卻說：「我們要結婚了！」又是一段還沒開始就結束的戀情。

在劇場老是遇到這些鳥事，話說回來，只怪我的感情也太豐富，見一個愛一個，我想這就是寂寞吧！

最後當然還是把心思擺在表演上，一旦開始排練舞蹈《稍縱之間》後，古老師馬上察覺到我的韻律感與節奏感和其他舞者無法配合，因此反覆排練後，將我放置在整齣舞的銜接上，有點像是串場的角色，當然我也在舞蹈中認識了一點，就是默劇演員經常會提問：「為什麼？為什麼我要做這個動作？為什麼會連接到下一個動作？」默劇演員著重的是故事性的關聯性，而舞者似乎沒有這樣的問題，也沒有這些提問與討論。當然，以上是我個人的體認，也許是因為我涉略各式舞蹈都不深的關係，但在舞蹈劇場裡的舞者確實是會提問的。

在感情一路的不順遂之後，我加入了皇冠密獵者劇團，認識了一群完全不一樣的人。

皇冠密獄者劇團

在這裡我演出的是貝克特的《無言劇》，是一齣內心戲很重的默劇演出，在這齣戲裡我可以盡情地發揮默劇的功力，這是一齣荒謬劇，脫離了現實，卻顯得荒謬這件事反而是更貼近我們的日常生活。

當初執導的是台北藝術大學的陸愛玲老師，而我們在剛開始排戲的過程中發生了一些小摩擦，因為大部分的工作人員全是她系上的學生，因此難免會在彩排時顯露出老師教課的姿態，當時我年輕氣盛衝動無比，我就對陸老師說：「我們可以好好排戲嗎？不要再教課了，我不是妳的學生。」現在回想起來很懊悔，也覺得可惜，我當時為什麼不靜下心來聽她講一堂免費的課程，還不用繳學費，何樂而不為呢？況且，也許她訴說的對象根本不是我，而是那些在校生，她並不失一位教授的身分，是我越界了，到現在都覺得很對不起那群學生與陸老師，但懊悔沒用，這就是人生的經驗啊！記住下次不再犯就好。所以有時候不該太衝動或是不耐煩，應該靜下心來聽聽別人怎麼說，再做決定。

在這裡，我認識了北藝大的女學生藍藍，看似交往卻也沒起頭，誰都沒有說什麼？直到我買了一件真皮大衣送她後，她勉為其難地收下說：「你為什麼要送我這麼貴重的東西？我們又沒交往！」

我說：「有沒有交往沒關係啊！這是我的心意而已，只因為我想送妳，就是這樣而已。」她嗤地笑了一聲，從此再沒聯絡過。

再一次的一段感情，還沒開始，就結束了。

外表坊時驗團

在這個時期，我學會了導演與演員的溝通非常重要，導演符宏征就是會經常與演員溝通的一位導演，不管是在戲裡還是戲外。那時我們都住在竹圍，經常排戲讀本後會一起吃火鍋，聊天聊地的，在這裡也學會了另一種導戲的模式；排戲時導演只告訴演員大方向，演員即興發展，然後從每一次即興演出中選出最好的段落，拼湊架構起整齣戲。這種方式對我將來的默劇現場即興有了很大的幫助，我也自己發展出一套默劇即興的遊戲，跟現場觀眾做互動。這樣的演出看似容易，其實是需要高度的專注力才能完成的。很高興在劇場時期，能與這些恩師學習到許多的技巧與觀念，這些技巧與觀念奠定了我將來默劇之路上轉型的起點，讓我的演出更自由了。

我們演的劇碼是《早安夜車》，這齣戲是由四位，兩對男女組合而成，呈現出時間、空間的虛幻感，真實的與虛構的，互相交織成的故事。

其中一位演員是導演的女友，那時我們都住在竹圍。記得是在情人節前夕，導演因為工作的關係不在家，於是我和他女友約了在我家一起度過情人節，我們真的都沒想太多，就在吃完飯後，一起品著紅酒，兩人坐在地上有說有笑的，說著戲裡的事、她說著導演的事，兩人似乎有某種親密感產生，這時電話突然響起，是導演打來的，她開了擴音，支支吾吾地說是在家裡，我正想開口打招呼，突然意識到不大對勁，導演對她說：「情人節快樂！抱歉，今天無法陪妳了，妳就一個人過吧！」這時的我好尷尬，想問好也不是，像是做了什麼壞事般的刺激，她匆匆掛了電話後，我和他女友相視，突然兩人大笑了起來，那天我們把兩瓶紅酒喝光光，她帶著醉意與歉意回家，我則做了一份潛艇堡夾薯條與臘腸，灑滿起司粉，度過漫漫長夜。

後來我們遠赴北京演出，在當時的北京小劇場界造成衝擊，我也在那時開始與北京結緣，當時默劇這種演出在當地稱為啞劇，在當地來說只要是不說話的演出都叫做啞劇，我就在北京開了默劇工作坊，讓他們了解什麼是默劇，Mime and Pantom Mime 的差異，中文翻譯起來其實都是默劇，簡而言之，Mime 泛指不用道具，是有故事意涵的劇，Mime 是可以發出聲音的，但演員通常選擇不發出聲音；而 Pantom Mime 則是允許用道具的默劇，沒有故事主題，以嬉鬧、戲謔為主的演出，規定不可以發出聲音。而他們眼中的啞劇較接近 Pantom Mime。

台灣絃樂團

與台絃合作了兩齣戲，一齣是王嘉明導演執導的《飛行狗的任務》兒童劇，另一齣則是多年後我自己與他們合作的《放手》（Drop hands）純默劇演出。（見第二二九頁）

《飛行狗的任務》算是一齣音樂兒童劇，以音樂為重，演出為輔，時而無聲默劇，時而台詞出現，時而純音樂演奏；然而我比較想要說的是後來的那一齣《Drop hands》，這齣默劇我嘗試著用一種深沈的思維建構整齣喜劇般的默劇，敘述一個普通人在中了樂透之後的心境，大喜之後的悲傷隨即而至，時而幽默、時而悲傷，在在喚起人們對「有沒有準備好」這件事深深地反省。如果你是一個未準備好中一億獎金的人，在突如其來的獎金背後暴露出奢華與奢侈的慾望，最終將敗在奢豪的揮霍上，當錢用盡時，再也回不到當初的自己，當初守本分一日過一日的自己，這就是我這齣戲所要傳達的精髓所在。

後來香港方面看了這齣戲的部分錄影，希望在香港演出，我想，這齣戲在香港演出更適合，香港畢竟是亞洲的金融中心之一啊！

當然，一個月後我們就去了香港，在香港的演出時，我被我自己編的戲感動，演出時真正流下了淚。

台中童顏劇團

經由曉風老師的介紹，到台中的童顏劇團教默劇，每週一天，要從台北開車去台中教課，雖然有點遠，但是學員們學得很快，很快就到了結束時的成果驗收，我設計了一齣黑光劇融合默劇與舞台劇的戲碼，叫做《不見不散》，劇中從頭到尾所有的音樂也全是我自己一手包辦，包括演出時的音控。

第一次嘗試黑光劇，非常成功，學員手上戴著會發光的手套，模擬一群魚在水中游盪、翻滾、嬉戲，有時又幻化成美麗的幾何圖形，有時又像是受到驚嚇的魚群，當燈一亮，所有學員回到現實，就變成了舞台劇，訴說著自己的故事，又時而無聲地演著默劇。這是一齣實驗劇，歷時三個月的彩排，演出時間九十分鐘。

此時的我已經不敢再交女朋友，感情的衝擊對我來說已經超乎我想像的大，還是乖乖地回到我的專業上吧！

視障者劇團

當時聽說是視障者要學習默劇，我還在擔心該如何教他們，因為有些人是全盲。

就在我不知所措的時候，他們告訴我：「老師你慢慢地做一個動作，我們會把手擺在你身上，我們可以感受你的肌肉運動的方式，然後我們就可以自己試試看，到時你再來糾正我們的動作。」

我聽完恍然大悟，原來可以這樣，三個月的教學下來，這批學員是學得最快速，也是動作最準確的一群學員。

有時默劇動作用眼睛看，接受的訊息太雜亂，反而誤事學不會，最好的方式就是忘記以往既有的經驗，從零開始，重新學習肌肉的運用方式，用身體的動作去記憶，去內化默劇。

廣告、電視劇MV、電影

漸漸的各種試鏡的機會越來越多，都是因為默劇的特殊肢體與節奏，剛好符合了當時市場需求，並不是我特別幸運，而是我花了將近十年的時間一步一腳印的學習研究結果，我努力地嘗試各種角色，為的就是能在我的默劇資源庫裡盡快地增加一些可用的資料與素材，為將來的默劇演出做準備，而當時演累了，就會拿出畫筆，隨性地畫上一張，心情就會漸漸地得到安慰，平撫下來。

廣告的演出越來越多，從一九九〇～二〇一二年間，一共拍攝了四十二支廣告影片。拍廣告片的方式只有一個，就是快狠準，為什麼要快狠準？原因很簡單，拍片速度快：就是要少NG，自然就會變快。拍片時要夠狠：意思是在拍片時每一個動作的力度要夠，絕對不要猶豫不決，事前先與導演溝通好。還要有細膩的肢體與情緒表情，才能做到精準。

當年在片場有一個封號：快手王，是因為攝影班只要一看到是我演出，大家都很高興，因為不用加班了；通常一班是十小時，超過要加錢，我拍的廣告影片幾乎都沒加過班，十小時內完成。

MV的演出也有九支，再來是電影的演出，然後是電視劇的演出。（詳見第二三三至二三五頁）

我也在廣告、MV圈做了許多的美術設計與道具製作，正因為我從事默劇後，對於許多事情的小細節特別的著重，也因此在製作效率上勝人一籌，善於分配時間是我的強項，就像演默劇前，事先規劃好所有的動作、音樂與道具，所以其他的事也是套用這個法則。也許是因為螢光幕前的我太亮眼了，大家都不會注意到廣告、ＭＶ裡曾出現過什麼道具；而那些演出機會應該是默劇的應用被看見了，而且每一次演出都是一場硬戰，每次演出前我也都會先做好演員功課，例如：角色個性、習慣、偏好等等。

這些是我製作的道具

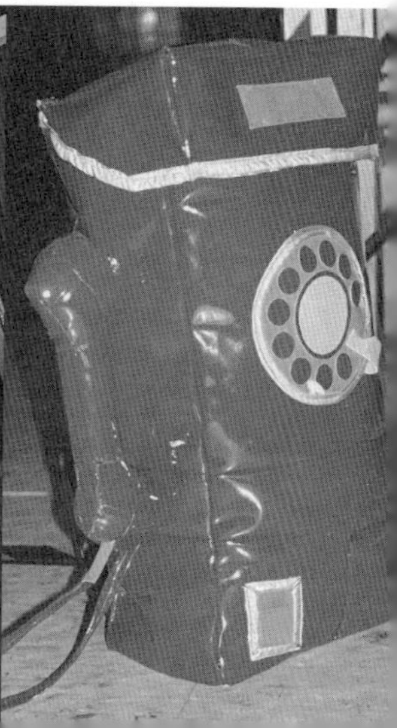

巴黎演出完畢後，過了五個月，新的嘉年華演唱會即將開始。

大家瘋狂地練舞彩排，忙得不可開交，準備去上海演出，這是第一次真的被當成舞者，狂練舞步，這可把我累壞了，以前是覺得我和舞者的韻律不搭，於是我單獨演出，這次是我要配合舞者，一起跳舞；但船到橋頭自然直，我深信，只要肯努力沒什麼是做不到的，我硬著頭皮，滴著汗水（搞不好是淚水），完成了對我來說是艱鉅的舞步。舞者好心地安慰我，這樣已經很好了，但我還

是心虛，不是舞者真的不能勉強，那個韻律感，嘖嘖！我怎樣都抓不到。也許我根本不必做到，當個默劇舞者也是不錯的，就算我的肢體不一樣，那又有什麼關係？我就是個諧星，幽默一下觀眾！

話說回來，我還真有點諧星的料，不然當初為何這麼多有創意的廣告會找我拍攝？不就是因為我的默劇肢體具備了某種幽默嗎？

第八章　婚姻生活是重生

緣分

在這些演出期間的一天，經過朋友 Eric 的介紹，去了一家水晶店問毛醒顏老師關於感情的事，其實當初也沒多想，只是覺得該交個女友了，於是抱著去問問看的心情。沒想到，一進去就遇見了我現在的太太筱聃，那天是她帶朋友去問感情的事，就是這麼巧，這是我與老婆的第一次相遇。

當天我們隨性地聊著，感覺很投合，而毛老師看在眼裡，私下幫我們比對了紫微斗數，發現兩人很合，就想湊合我們，我和我太太筱聃約了一次會而已，她就與朋友去環遊歐洲兩星期多，一星期過後我接到了一張明信片。兩星期後她回來了，見面時，老師問我們何時結婚，我也沒多想。

我問她：「你喜歡哪一種結婚方式？」

筱聃說：「集團結婚。」

我回：「好！那我們去報名。」

當年士林區公所集團結婚登記只有一個缺額，就被我們給占據了。

回顧過往的感情事件，並無法帶給我什麼啟示，從中也無法學會些什麼！直到遇見我太太，我才知道什麼叫做緣分到了與命中註定這回事；真的是因為剛巧時候到了，而我也遇見了她，於是就在一起生活了。我們都是用一種自在相處的模式生活著，彼此也不太會去干擾對方的個人時間，我們都是很看重自己與自己相處的時間，這也就是我們的相處之道。

婚後，我開始思考養家的問題，因此跟小劇場斷絕了關係，因為費用實在太低，彩排三個月，演員費用一萬元，完全撐不下去，只能割捨的離開，不是沒熱情，而是現實考量，不能再有一餐沒一餐地混日子，就只是為了演戲而已，我想自己創業，想創造屬於自己的人生版圖。

斑馬食堂的誕生

於是我開始自學網站架設、網站後台系統的建構，請國外的朋友幫忙找默劇資料，自己翻譯，加上開始嘗試用電腦自創默劇音樂，一年之後，網站架設完成，三年之後我做了將近三十首的默劇音樂。也開始嘗試用默劇與其他表演團體合作演出，跟小丑雜耍、魔術師、國劇、高雄市立交響樂團等的合作，這些都讓我的默劇演出更上一層樓。

然而在翻譯默劇工具書的同時，了解到我自己研發的默劇肢體與國外默劇學校的訓練有相仿的，也有完全不同的區別，因此我建立了一套教學系統，希望讓更多人能夠快速地了解默劇的真諦，默劇不只是默劇，它是早已存在在日常生活裡。我也開始研究默劇的歷史，最早從古希臘時期就已經存在著默劇了，一直到現代默劇的確立，是法國的默劇大師巴侯勒（Barrault）建立了「默劇劇場」（Mimodramas），默劇才真正地從小丑的演出裡被分離出來，演變成當今的現代默劇。

也因為繪畫底子與網頁設計的關係，這期間架設了一個購物網站「斑馬食堂」，我開始在網路上賣食品，種類從乾烙韭菜盒子、蔥餡餅、冷凍麵包、冷凍滷味、饅頭，到各式醬料以及餐點，但由於是一個人做，要上網接訂單，又要製作、還要寄貨，有時還兼外送，所以半年之後，身體負荷不了每天龐大的訂單量，於是關站，但這半年來我過得很充實、也很有趣。

此時接到同學林永清的邀約去做廚師賣鍋子，一賣一年就過去了；當時我用在巴黎自學的烹飪技巧，做著極簡單的融合料理，請現場的觀眾品嚐，然後一支鍋子一支鍋子地賣，當時的我已經可以分辨出哪一種香料適合哪一種肉類或是蔬菜，嗅覺的技能大幅提升。

孩子是禮物

然後有了孩子後，人生再一次的轉變，老婆坐月子時的每一餐都是我親手製作的，孩子漸漸大了，也開始出現一些異常的症狀，於是找了青少年心理諮商，做了許多心理測驗，最後的結果是介於亞斯伯格症與一般人之間的模糊區塊，缺乏社交能力與異常執著，我和太太討論的結果，決定將他視為一般的孩子，讓他多多接觸人群，讓他習慣與人交際。他先入為主的觀念尤其重，因此我在教他每一件事時，都小心翼翼，一定要說正確的事，而且對他說到必定做到，絕不食言，不然他會執著得無法再接受任何其他的說法或是做法，我們須付出更多倍的關懷關心他，例如他小時候睡覺前一定只聽小紅帽的故事，於是我一講，就是五年，所以我每天晚上都會編一個新的小紅帽版本，這正好發揮了我編劇與說故事的想像力，我當作是一種自我訓練，現在回想起來是有趣的。

等他上了國中後，性情大轉變，變得喜歡社交，他也自尋了一套模式與人相處，我們的耐心終於有了代價。

我幾乎是每天一定親自下廚準備晚餐，因為那是我們一家人共享的時光，會在這時聊著每個人的心思與今天的際遇，時間久了，也變成了一種習慣；我也發揮了在巴黎念書時的精神，光是一種雞料理，就可以變化出十種以上的做法，牛肉也是、豬肉也是，就這樣每天變換著菜色，直到現在。而我們三人也各有各的房間，完全是屬於自己的空間，在裡面可以不受任何干擾地做自己想做的事，因為我們三人都喜歡、也習慣了與自己獨處。

後來在偶然的機會下進入了廣告導演開的傳播製作公司工作，在公司裡我寫了將近二十一個微電影的劇本，可惜後來只拍成一部，但因為這樣的關係，得到了第一個在學校教書的機會。

教學時期

在演員經紀人柯博仁的引薦下，進入南強工商教默劇、戲劇與基本剪接特效技巧。兼任老師為期兩年的時間裡，剛好可以印證我自己發展出來的默劇，是否真能派上用場，因此每一次教學完畢後都會自我反省，今天我教了什麼？學生吸收了多少？哪幾個動作是學生很難學的？哪幾個動作與觀念是學生一聽就懂的？

這兩年裡，一方面要在公司寫劇本、一方面要在學校物色可用的演員人才、另一方面要思考默劇教學的可能性、還要接默劇演出與電視或是廣告的通告，幾乎是忙得不可開交，雖然過得很辛苦，但我相信一步一腳印，現在走的每一步都將是未來道路的踏腳石。當然在教書時也有有趣的時候，有時學生因為出公差，全班只剩下四個女孩，我就和她們聊著天，玩起扮家家酒的遊戲，教她們如何綁圍巾，幫她們梳頭髮紮辮子。

學生問：「老師！你是不是希望有個女兒啊！」

我說：「是啊！我想要個女兒。」

學生說：「老師，我們都是你的女兒啊！」

好感動！

我不知道我是不是一個好老師，但我真的想知道我建立的默劇系統是否能讓默劇在台灣生根。兩年很快就過去了，也許我在學生心中有種下了小小的一顆種子，就像我小五時那樣，大哥在我心中種下的小種子一般，但這一切都需要時間的應證，不會是立即見效，但我不在乎，只要有扎根就一定有收穫，我對此深信不疑。

其後演唱會期間又到了黎明技術學院的表演藝術系教課，但是因為實在是演唱會的體能消耗太大，而且我的時間也無法配合學校，只教了一學期就停課了，有點可惜。

我私下也有教默劇，但都因為學生覺得太困難而放棄，我也覺得惋惜。

也有人私下找我學默劇。

更有人打電話來問：「可以只學四小時就上台演默劇嗎？」

我問：「你有任何戲劇或是舞蹈的基礎嗎？」

對方回：「沒有唷！這樣還可以學嗎？」

我說：「當然可以學，但不是四小時，是四個月，因為要自己回家練，你要夠喜歡默劇，才練得起來。」

然後對方：「喔！」一聲掛我電話。

真是夠無言了！各式各樣的學生都有，學的目的也都不同，我的想法很單純，只是想推廣默劇這門很特殊的表演技藝，卻一直無法真正傳承下去，歎！

ESPRIT

巡迴演唱會

第一次參加演唱會演出是梁靜茹演唱會，導演小洋對我並沒有太多的要求，大部分是讓我自由發揮，也不會限制我太多表演方面的事情，台北的演唱會是我和我的魔術師好友周宏一起演出，因為台北是特別場，所以戲劇成分更多，需要兩人一同演出。其後他們到上海演出發生了一段小插曲，主辦方希望用上海當地劇團的演員演默劇，當時也有人說可以演，於是對方就照著我的演出如法炮製，但聽說結果非常不理想，是一場沒有靈魂的演出，於是後來的演唱會還是由我擔當演出，一共演了十五場。我想當時大陸的戲劇人士太小看默劇這樣的特殊演出了，當時有人提出說是國劇裡有許多的身段跟默劇很像，的確，精神是一樣的，但國劇講求的是身段，一板一眼，絕不可更改，所以他們以為默劇只是不說話的啞劇，這觀念是錯誤的。

再來就是演唱會是集合一大群人共同完成的，所以人與人的相處顯得格外的重要，有時候一句話產生的誤會，會帶來無可抹滅的傷害，所以我們在演唱會工作時都格外地小心，因為我們一出門就代表著這個歌手的形象，行事也必須變得低調，畢竟站在舞台上的人是我們，觀眾看的除了歌手之外，就是我們，所以我們的形象也是必須要注意的事。

演唱會後，受邀到上海參加中國達人秀，第一關通過後回台，一星期後接到主辦方電話，說是第二關已經內定通過人選，問我還要不要去參加，若想去，會在比賽中刷掉，主辦方一樣會負擔所有的費用，我一聽，當然立馬說：「那就不必參加了，謝謝！」

第二次的演唱會演出是林宥嘉的演唱會，我只參加了台北小巨蛋的表演，是串場時的單人默劇。

第三次的演唱會演出就是周杰倫的演唱會。從二〇一三年的魔天倫演唱會開始，到二〇一五年周杰倫地表最強演唱會，然後是二〇二〇年嘉年華世界巡迴演唱會，這長達七年的時間裡，我體會到身為舞台人物自律的重要性。所謂的自律不只是生活規律這件事，而是連飲食、生活的小細節、外出的表現態度都必須注重。

周杰倫的嘉年華演唱會一直到二〇二〇年一月十一日的新加坡演出後，新冠肺炎就爆發了，全球一路蔓延與哀嚎，我們所有的場次全部暫停，全世界都因為疫情而手足無措，台灣因為 SARS 的關係，已經有一套標準 SOP 流程，所以在控制疫情方面算是老手，但其他國家卻手忙腳亂地對抗著，身在台灣是幸福的。

在疫情期間，我開始畫畫，經過朋友古力的介紹參加了 Facebook 的「藝起加油」社團，主要是賣藝術創作的社團，這時正式開啟了我的繪畫模式，我開始每天作畫，也有許多畫被收藏，然後陸續有人希望我教畫；這讓我想起了，我以前在學校教默劇的日子，那是一段人生不可或缺的經歷，雖然只有短短兩年的時間，但是我和學生之間的關係，讓我覺得我的收穫比我付出給學生的還要豐厚飽滿。

我也開始寫食譜，為的不是要出版，而是對自己的一種生活紀錄。默劇、繪畫與料理對我來說，是永遠的現在進行式，已經與我的人生緊密結合在一起了。

學生經常問我：「老師，你演默劇是怎麼撐下去的？」

我說：「對於熱愛的事，我不會用『撐下去』這三個字，因為撐下去的意思是當你感到痛苦時，才需要撐下去。對於我喜歡的事，我一向是抱著『玩』的心態，輕鬆地面對它，就算已經成為我的職業，我還是始終如一，是因為好玩，所以才會繼續下去，所以是執著、是堅持做自己喜歡的事。」

開始自律的生活

在演出期間，自律是理所當然的，因為要站在舞台上，所有的表演者都代表著主角歌手的形象，因為是屬於團隊的一分子，所以演出期間的任何大小事都代表了團隊，所以自律是必然的。

然而在沒演出的日子裡自律才更加重要，這關係到是否尊重身為表演者的知覺，因為一旦鬆懈下來，體型就會走樣，一旦被通知要演出了，再來減重就來不及了，其後所產生的問題就會很嚴重，比方說：演出服就會穿不下，就會要求服裝更改，會徒增成本、耗費人力與時間。所以我在沒演出的日子裡每天還是一樣規律地六～七點間起床，然後寫書，要不然就是畫畫創作；當然也會有累的時候，我就會追追韓劇，仔細記錄著韓劇裡故事的軸線與寫法。中午一定是吃兩口澱粉，加上一大堆的生菜沙拉與水煮雞胸肉，下午又開始作畫或是寫點東西，或是洗衣服、晾衣服的一些家事；就連晾衣服這件事我都自定一套標準，晾衣服前，先將洗好的內衣褲、衣服與褲子做分類，然後以同一個方向串好衣架，全部串完了之後，才會依序內衣褲先上曬衣架，然後才是褲子、衣服與毛巾類。

晚餐則是每天五點開始下廚，一個晚餐是三道菜或四道菜，一肉三青菜，減鹽減油，我當然也是希望家人能吃得更健康，也因為我本來就喜歡研究料理，於是每天的菜色都有一些變化，不太會吃膩。

原本晚上睡覺前需要喝幾杯啤酒的習慣也改掉了，改掉之後發現第二天的精神變得特別好，於是我開始少喝酒，不喝就是不喝，因為微醺的感覺根本比不上我第二天的精神奕奕；開始創作的關係，我需要全神貫注，而且我需要的是有好的睡眠，喝了酒之後，會睡得不安穩。

這樣的生活我過了一年多，直到現在，我想我會一直這樣過下去。

朋友問：「你為什麼這麼節制？」

我說：「因為我有身為表演者的知覺，我不知道哪時會再開始表演，一旦突然要表演時，若我平時沒準備好，我如何上場？也因為我尊重我的演出事業，而且表演對我來說，是上天給我的禮物，所以我需要的是珍惜，而不是放縱，不是擺爛。」

攝影：周尚禮

在停演的這兩年（二〇二〇～二〇二一），我的生存動力已經轉化成：想到就去做，不要只是想想而已。

我想這已經在我的生活歷程裡，不管是面對情感、友誼、工作……等的崎嶇，我都是想到之後就開始了規劃，然後付諸於行動，不做怎會知道結果是什麼？所以在二〇二〇年四月經朋友古力的介紹，加入了Facebook「藝起加油」的社團，將我多年來囤積的繪畫創作公布於世，開始賣畫，成績還算不錯，但我知道終有一天藏家將不再收藏我的作品，於是我開始整理我的過往生活故事，而這本書就這樣地誕生了。

後來又因為朋友老K的建議，在全台三級警戒時，重開斑馬食堂，因為以前就有創建購物平台的經驗，於是很快地在三天之內架設了購物網站，開始了網路冷凍食品的販賣，經過三個月後，因全台疫情降為二級之故，餐廳全面開放，因此決定收掉斑馬食堂的網路販售。

期間五十肩找上門，肩關節痛到無法自行穿衣褲，於是動了手術，而後開始了漫長的復健之旅。

然後我開始思考，還有沒有什麼遺珠之憾？因為實在是太喜歡料理，於是報名了西餐證照補習班，就想要有一張國家認證的西餐廚師證照，於是開始了我的西餐學生生活，這時已經是二〇二一年十一月的事了。

眼看二〇二三年已經到來，我不想蹉跎在過往的時刻裡，我不想在我的生命裡再留下任何的遺憾，我的遺憾已經夠多了；而我過去的每一步變成了我的養分，我需要向前再跨一步，我只想把握當下，把握住每一個機會，不再只是想想而已，要付諸行動才會離目標更近一些。

我的生命故事仍舊持續著，我的動力也就會持續著，也許有一天，我最大的夢想，實體店面的斑馬食堂真的會實現。

故事未完，持續中……

那你的故事呢？

第九章 關於默劇的二三事

攝影：周尚禮

默劇歷史

原始蠻荒時期

默劇（肢體）是自我表達的媒介之一，也是原始蠻荒時期用來溝通的方式。在有語言之前，默劇（肢體）已經被原始人用來作溝通與表達「需要」與「想要」的工具。當語言漸漸開始發展的過程裡，默劇（肢體）才漸漸地被人們所捨棄，正因為如此，反而造成後來的默劇成為一種娛樂的表演形式。

到了古希臘時期，默劇已經發展成「展演日常生活」的戲劇形式。最早期的默劇原則被稱為「Ethologues」，這種原則的特殊點就是在每一場戲中都加入教導觀眾「端正道德品格」的觀念。感覺就像是我們小時候念的生活與倫理，只不過當時識字的人並不多，為了要普及正確的觀念，默劇演出在當時當然是最快速又最有效的一種方式。

古希臘和羅馬

這一切的開始，是一齣在雅典演出的劇，叫做《酒神》；為何要說這一齣戲呢？因為這齣戲是默劇歷史的重要轉淚點。當時在希臘有一個紀念酒神與歌頌戲劇之神的戲劇慶典活動，超過一萬名的觀眾觀賞著「戴著面具」的演員表演默劇；而「戴著面具」在當時是一種創新的演出形式，後來義大利即興喜劇受其影響頗深。

默劇發展至此，已經有較為精緻的形式了；在當時被稱作「Hypothesis」，意為假設或是假說。這種形式已經非常接近現代的劇場戲劇。當時的演員會由演員公司（有點像是劇團或是經紀公司）安排演出，因此，默劇演員會更專注在演出角色的詮釋上，而非像以前默劇只是用來表達自我而已。

「Hypothesis」這種形式的默劇演員會在戲裡一人分飾多角，這是其最大的特色。

一直到了西元前四、五世紀，雅典開始發展喜劇與悲劇；這些默劇形式後來對於西方世界的戲劇形式影響頗大。這一切是始於羅馬征服了希臘開始。當時，羅馬人將希臘的默劇藝術帶回義大利，加以改革後，融入自己的表演文化中。由於羅馬人對於表演的極度狂熱，所以很快地接受並承襲了從希臘傳回來的新形式戲劇，於是開始大肆地新建與修建劇場，編寫屬於自己的默劇形式，例如：「杜撰的」海軍戰役等戲。

如果有機會到希臘，可以看見西元前五世紀遺留下來的遺址：狄俄尼索斯（Theatre of Dioysus）酒神劇場。

默劇在羅馬皇帝奧古斯都時期獲得了很大的成長與成就，但羅馬帝國滅亡後，基督教廷裡對於默劇起了很大的反彈聲浪，他們認為默劇演出是淫穢的、侮辱的與猥褻教廷的，於是下令關閉所有的劇場，驅逐所有的演員，致使他們流浪街頭，只能在市集中偷偷地演出。儘管如此，默劇這門技術是不會消失的，一直等到教廷開始腐敗，開始對於表演這件事鬆懈之時，默劇演員才開始發展帶有宗教色彩的神祕劇和道德劇，於是繼續了默劇的傳承。

義大利即興喜劇 Commedia dell'arte

默劇持續著它的娛樂使命。經過了中世紀後，到了十六世紀，於義大利達到巔峰，卻是以即興喜劇的方式出現。

即興喜劇於一五〇〇年左右，流行於大街小巷裡的市集中。有人說即興喜劇源於兩位街頭藝人戴上面具，以誇張的肢體吸引注意，他們創造出具有親和力，又同時擁有熱情的角色，叫做贊尼（Zanni）。但就默劇歷史的論點是：即興喜劇於一五〇〇年初已經是一種流行的表演形式。

而這兩位演員是阿萊基諾（Arlecchio）與布里蓋拉（Brighella），他們不是創立這形式的人，而是他們的演出影響了後來許多的表演者。他們當初表演的角色叫做「定型角色」，通常是一對或是一組人的演出，角色是固定的，將每個角色誇張化後的演出形式。

當時的演出團體一直都是以當時的社會題材為劇本，嘲笑社會的現象，甚至是嘲弄諷刺當時的政府機構；所以當時的默劇演員是危險的，但諷刺的是，麻煩越多的劇團，其知名度也越大，也越多人喜愛看，反而成就了這些劇團的聲勢。

就算是這些劇團走訪他鄉，也不會有語言的障礙。這些劇團橫掃整個歐洲，他們運用默劇與贊尼滑稽逗趣的肢體訴說著他們的故事。他們的感染力是無比強大的，各國的表演者開始紛紛仿效贊尼的風格。

到了一五七六年，由弗拉米諾斯卡拉（Flamino Scala）所帶領的義大利劇團來到了法國，於此，默劇正式地傳入了法國，而默劇在法國受歡迎的程度無可比擬。默劇中許多的手勢符號與小人物開始漸漸地成形與建立，也開始為大眾所知悉，當然，默劇後來就在法國成為家喻戶曉的演出形式了。

現代默劇 Modern Mime

又過了兩個半世紀左右，於一八一一年來自波西米亞的雜耍家庭在巴黎做了演出。家庭成員中的兒子尚．德布侯（Jean Gaspart Batiste Deburau）在 Boulvard du Temple 做了一場名為《走鋼索的人》的演出後，他就一直在這個劇場演出直到去世。在劇場的期間，他將默劇中屬於粗鄙的鬧劇捨棄，將其轉換成我們現今所看見的默劇形式。

德布侯 Deburau 是一位藝術大師，他所創造的角色：為情所困的皮埃洛（Lovesick Pierrot），成為經典角色，也成為後代所津津樂道的角色。

第一次世界大戰後，默劇從賈克・庫柏（Jacques Copeau）在老哥倫比亞學校 Vieux-Colombier School 裡收了一位學生查爾斯・杜林（Charles Dullin）後，默劇有了新的動力。而查爾斯・杜林的弟子艾蒂安・德克魯（Etienne Decroux）將這些新動力注入舞台生命，並與自己的弟子尚・路易斯・巴侯勒（Jean-louis Barrault）合作發展並制定了現代默劇的構成要素。

後來巴侯勒走出了自己的默劇路，並創建了「默劇劇場」（Mimodramas）。

德克魯和巴侯勒兩人都曾出現在法國很有名的電影裡：《天堂的孩子們》（Les enfants du paradis）。故事是來自德布侯的虛構傳記，這部電影拍攝於一九四五年的巴黎，在蓋世太保的嚴密監控下完成了拍攝。

二次世界大戰後，馬歇・馬叟（Marcel Marceau）的出現，對於默劇有了重大的影響。一九四六年他進入默劇大師查爾斯・杜林於巴黎莎拉・伯恩哈特劇院所設立的學校裡就讀，他是艾蒂安・德克魯的學生。

在一九四七年，馬歇馬叟創造了「畢普」（Bip）這個角色，此角色身着水手裝與喇叭褲且面容憔悴，頭戴著別花的絲質大禮帽，象徵著人生脆弱的一面。查理・卓別林飾演的小流浪漢「Little Tramp」是類似的角色，但

「畢普」諸事不順的遭遇（像是不管遇到蝴蝶或獅子、在船上或是火車裡、在舞廳或是餐廳中）更能將其特點發揮得淋漓盡致。馬叟其自成一格的默劇演出，被公認為無人能出其右。他的經典劇碼：《The Cage》。

默片電影 Silent Film

默片電影中有受影響而較為人知的明星：查理・卓別林（Charlie Chaplin，一八八九年四月十六日～一九七七年十二月二十五日）與巴斯特・基頓（Buster Keaton，一八九五年十月四日～一九六六年二月一日）。

美國默劇 American Mime

現今的美國默劇發展如同它的文化特質一般，是屬於融合式的。美國默劇大致可分為兩個部分：寫實與抽象。這兩種形式的訓練幾乎在所有的美國默劇學校中為必修的課題。

寫實默劇（Literal）：通常用於喜劇與故事劇場，是利用角色的衝突訴說故事，透過精確的動作與視覺設計，造成幽默的效果。

抽象默劇（Abstract）：普遍地使用在展現情感、思考與想像上，所探討的是嚴肅的主題或問題，沒有情節、劇情、主要演員，這種表演方式比寫實默劇多了更多的直覺經驗與想像力。

大家目前對默劇印象最深的是橫條紋衣服，其實就是從馬歇·馬叟的「畢普」角色衍生而來的唷！
默

默劇重要歷程與每一時期重要人物代表

- 默劇
  - 上古時期
  - 古希臘
  - 希臘時期雅典
  - 羅馬帝國
  - 基督教廷時期
  - 義大利即興喜劇
    - 1500 贊尼阿萊基諾與布里蓋拉
    - 1576 弗拉米諾斯卡拉到法國
  - 法國
    - 1811 尚 · 德布侯創「皮埃洛」角色
  - 一次大戰後
    - 賈克 · 庫柏
      - 查爾斯 · 杜林
        - 艾蒂安 · 德克魯
          - 尚 · 路易斯 · 巴侯勒 成立默劇劇場
          - 馬歇 · 馬叟
  - 默片受默劇影響的明星
    - 查理 · 卓別林
    - 基頓
  - 二次大戰後
    - 馬歇 · 馬叟創造「畢普」角色
  - 美國
    - 寫實默劇
    - 抽象默劇

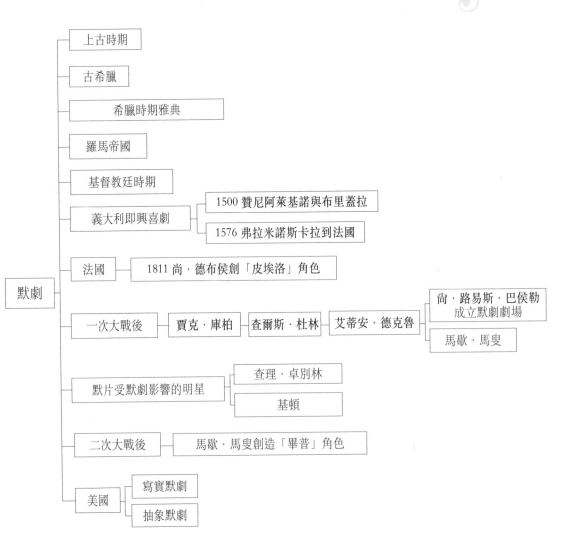

默劇的語言

默劇是用各種手勢動作作為表達的方式。雖然默劇可以表達一個想法、一種情感、一個故事，但默劇還是脫離不了文字。雖然如此，默劇還是絕不會用口語的表達方式，只能用身體語言表達文字概念。例如：當一個演員指著另一位（意思是「你」），然後招招手示意（意思是「來」），隨即向自己面前的地板指一指（意思是「這裡」），整句就是：你來這裡。這雖然是文字敘述，但默劇演員卻是用肢體語言傳達「文字」訊息，確實將文字轉化成肢體語言。對默劇演員來說肢體的表達，只需要做出「示意」這件事就能達到目的，所以當默劇演員用肢體傳達：「你來這裡」的時候，似乎比文字或用說的更簡潔易懂。如果一位男默劇演員想要對另一位女默劇演員傳達他愛她時，是不需要用口型說出「我愛妳」這三個字，他只須指著自己（我），然後指著自己的心（愛），最後指向對方（妳）。所以在默劇裡，他要傳達他的愛給她的時候，絕不是超出文字的敘述範圍。

所以語言這件事，若你是只用口型不發出聲地說「我愛你」或是「I love you」，也許在一些國家，他們會看得懂，但在不是說這兩種語言的國家裡，可能就不懂你的意思了。而我們今天用肢體語言傳達「我愛你」時，我相信在世界、在這個星球上，任何地方的人都會看得懂，默劇是跨越國家的肢體語言。

虛擬物體的建構

默劇是沒有布景、沒有道具、沒有裝置的一種演出；只有運用肢體做想法與情感溝通：這樣的肢體必須被訓練、要熟練、要結實、更要有彈性、而且要栩栩如生。

你可以說「身體」就是默劇演員的樂器、工具、鍵盤、畫布，甚至是一幅畫。

假如默劇演員需要一張椅子，就會在空氣中「做出」一張椅子，然後坐上去，就像坐在真的椅子上；倘若他的故事劇情裡需要一顆球，或網球拍、一個爐子、一頂高帽、一顆蛋、一扇鎖住的門、一個非常重的狀態……或任何事件，他只需要在空氣中去創造這些物體或狀態，他只需要用身體精確地去建構它們，所以是不需要使用到任何真實的道具。

然而在有「道具」的演出裡，你可以真的握著咖啡杯或是威士忌的玻璃杯，但是裡面裝的不會是真的威士忌，通常是茶或是滲了水的有色糖漿；而這時，演員就必須用想像力，告訴觀眾：我喝的是威士忌？還是一杯牛奶。這樣的想像力卻廣泛運用在默劇演出裡，默劇除了讓演員想像「我拿了一個杯子」之外，也需要想像杯子裡裝的是什麼？因為，當默劇演員全然相信自己所想像的物體後，觀眾才會相信並接受演員所呈現出來的虛擬物體。

默劇、戲劇與舞蹈

默劇是一種寫實形式的表演，它不是舞蹈，它要求的是真實的情感以及明確的動機。默劇關心的是演出者必須像是演員的演出，而非像是舞者的演出。在舞蹈裡，情節是架構在身體的姿態上，陳述故事的方式，完全是技巧的展現；所以就敘述一個故事而言，舞者關注的問題是：「我的下一個動作要移動到哪裡？」以及「我該如何移動到那個位置？」他會問：「我應該從右上舞台移動到左下舞台嗎？」若是這樣，接下來就會思考「我該用快速移動的？還是該用跑的？也許用旋轉的？或是用彈跳的方式……」等等的問題，因為舞姿對他們來說是非常重要的。

觀眾喜歡看的是超大跳躍的動作、超乎常人的平衡感、超凡的優雅姿態；他們想要看見超乎自己極限的肢體展現，他們想要看見優美的肢體呈現；因此故事的敍述在舞蹈來說是其次，也較為不重要。

演員則比較注重情節的發展與角色的建構。他會問：「我在做什麼？」以及「為什麼我要做這件事？」演員在找尋角色動機後，用一種對事件的意圖與行動，傳達故事的情節，演員就不像舞者，是用肢體的形式傳達。

默劇演員只會在課堂訓練時關注肢體的形式。我們會不斷地一直重複訓練肢體，讓默劇肢體動作完全內化，演出時，我們不會再思索身體的形式了，而是專注在：「我正在做什麼？」以及「為什麼我正在做這件事？」當然，在舞台上使用了所有訓練時的技巧，我們也不能忘記這一點：默劇單獨展現了用肢體溝通的極致方式與不用語言的溝通方式。但我們不可以忽視的是，當默劇演員在表演的時候開始關注技術層面的事時，他的演出就會變成是表面的、膚淺的，他的演出將不會讓觀眾感動。所以默劇演員是會讓觀眾感動的。

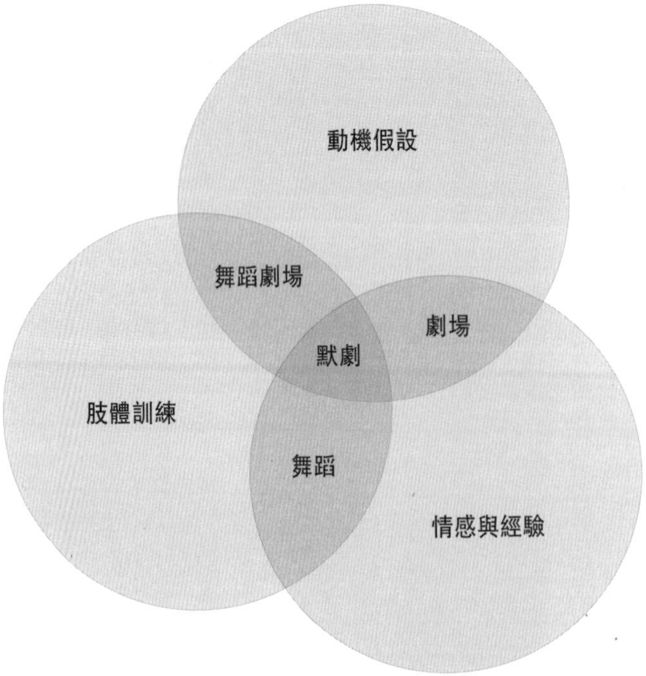

肢體想像的研究課題

默劇只用身體訴說故事；沒有任何裝置可讓演出增強，也沒有可以播出很大聲的擴音器；必須在有限的肢體動作裡，事先規劃好肢體的程序，所有動作都是設計好的。有幾個事項是默劇必須要做的，而且一定要將想像非常清楚地呈現給觀眾。

第一　誇大所有的動作

不論是手勢、移動或身體的反應，必須將生活裡的動作放大好幾倍。但是這些放大後的反應，絕不是只有外在表面的展演而已。就像是在所有的演出中，動作背後的動機必須是建立在真實情緒上的；所以演員是反映出自身的真實情緒經驗後，將其套用到角色的身上，默劇就是建構在這種真實的基礎上，然後將其擴大。不只是「描繪」一種情緒，更不只是在空氣中描繪出外型而已；他必須真的經驗過這些情緒，然後才能將其誇大。反之，是無法說服觀眾的，如果演出無法讓觀眾相信，那觀眾的思緒很快就會從表演中飛走了。

第二　默劇演員必須要在做下一個動作之前完成上一個動作，必須要將每一個動作分開，而且要分清楚

舉例來說：文字敍述是——「他從口袋裡拿出一串鑰匙，開門。」然而默劇演員在排練時，卻是要將以上的動作分解，每一個動作都要乾淨俐落，

所以會是「舉起手臂」「停」「轉動手腕將手置於口袋旁」「停」「將手放入口袋中」「停」「從口袋中抓住鑰匙」「停」「拿出鑰匙」「停」「將鑰匙移到鑰匙孔前」「停」「將鑰匙插入鑰匙孔」「停」「轉動鑰匙」「停」「拔出鑰匙」「停」「將鑰匙移到口袋前」「停」「將鑰匙放在口袋中」「停」「將手從口袋抽出」「停」「將手移至門把前」「停」「轉動門把」「停」「推開門」……以此類推。

各位可以看得出來，若是一句話用文字說明時，我們可以了解意思，很快就可以執行，但是在默劇來說，是要用肢體的細膩動作呈現語言所隱含的意義時，就必須要有分解細膩動作的訓練與能力，否則到了舞台上，不但觀眾無法明瞭演出內容，就連演員本身也會開始呈現動作不連貫或是動作與意涵模糊的狀態，那麼演出就失敗了。

默劇演員就是用這種方式練習肢體：肢體務求清晰、乾淨、無瑣碎的、蘊含強大內在能量的，而且關節運動的角度必須明確。演出時，為了使一個角度成立，他會將動作做得平滑，所以當他停止動作的時候，讓那個角度看起來不太明顯，但其實是一直存在的，只是運用了許多細膩的肌肉牽動，讓許多關節移動或轉動時的角度看起來不再生硬。

第三　默劇也許會讓每一個動作看起來都很滑稽

當默劇要做向下的手勢時，會先將手臂放在反方向的地方，然後再用很大的動作指向下方，因為這樣觀眾就很容易看得清楚你指的方向，但就在接近要指的方向時，突然有了一個收手的動作，然後再突然往所指的方向指去。因為要滑稽，所以會讓動作變得誇大，因此與觀眾有了更深的溝通。

也因此讓肢體有了更多的流暢感與更優雅的肢體語言，讓觀眾也能欣賞肢體的美；當然我們最主要還是要回歸到與觀眾溝通這件事情上面，但我們不會忘了肢體仍是要優美這件事。

關於誇大、分開以及嘲弄，就像是一種能夠讓觀眾更能看清楚於舞台上所發生的事。主要的目的是：被看見。除此之外，若演出的結果產生了優雅或是美麗的感覺的話，我們也許可以將它看成是一種額外的收穫。

默劇潛規則

默劇技巧的建立已經有一段很長的時間了，在這種寂靜的藝術裡，在默劇的舞台上是可以弄出一些聲音的：可以弄一些物體的聲音，但不會是語言的聲音。他可以撕一張想像的紙時，從嘴裡發出撕紙的聲音；也可以敲一扇想像的門時，從嘴裡發出敲門聲或是用前腳掌拍地板發出敲門聲。

但是當他笑、哭或打噴嚏時，就不能發出聲音。事實上，默劇的「哭」正確方法是在眼睛下方畫上用水溶性的眼線，所以當演出時，眼淚流出來的時候，眼線就會溶在淚液裡，流過臉頰，造成一條黑色線條，觀眾就會看到非常明顯的眼淚痕跡滴下的過程。如果能控制左邊的眼淚停在七、八公分的地方，右眼淚停在五到八公分的地方，那便是最完美的位置了，但只能盡其所能啦！默劇演員會試著不觸碰到舞台上的其他演員。如果他要演親吻的動作，他也會距離對方大約兩公分，就好像是圍繞女孩身旁的空氣，就是她的一部分一樣：就像是有一種魔幻的效果。我們也許會在演出中，必要時牽起某人的手，但如果是推、吹、踢……等動作的時候，就不能觸碰到對方，而觀眾的感覺就會像是實際參與演出一樣的真實。時機在這裡就會變得非常重要，如果讓觀眾事先預料了你的動作，那麼你所製造的幻象就會破滅。事實上，這應該是適用在所有的劇場演出上。

肢體的訓練

默劇的物理性技術在於精準控制身體的每個部分，將其獨立運作，以及對整個身體的控制。

主要劃分為：頭、頸、胸、腰、骨盆都要分開並獨立訓練，獨特的分離是頸部和腰部的獨立訓練。默劇所做的那種頸部隔離只有東方舞蹈形式才會有比較接近的形式。所以頭部、頸部、胸部、腰部和骨盆分別向多個方向移動，直到每個部分都得到控制，當實現胸部的獨立運動時，胸部被用作移動手臂的動能來源：胸部傾斜，能量流沿著手臂向下延伸，像槓桿一樣移動，然後到達手部。然後動力來源也可來自於骨盆，流向胸部，最終激發手臂運動，說穿了就是能量流動的運用。

無論表演者是在處理真實物體還是虛構物體，默劇必須練習控制手以及每個手指的獨立關節。這項練習使所有手部動作都變得清晰。再來是鍛鍊臉部肌肉——不是因為情緒表情有固定的表達方式，而是因為臉部表情越靈活，就越有表現力，在舞台上真正感受到情緒的投射就會越大越清晰。

練習將自己的身體作為一個整體，並將其分解成碎片，變得像一個吊線木偶，腿就像一個槓桿系統——除了重量和腿的位置，沒有任何變化；然後練習只用眼睛講故事，舞台上的眼睛極具表現傳達力，但大多數演員都忽略了這一點。在舞台上環顧四周時，只轉動眼睛而不是整個身體，甚至只轉動頭部和頸部會更具戲劇性，但您很少看到這樣做。一旦一個人練習了單獨用眼睛進行交流，就會出現一種新的交流工具，可以在需要時使用。

默劇訓練了全身，所以無論想講什麼故事，都能做到。這種物理性控制和表現力為任何表演提供了更大的維度和深度。

假想與幻想

默劇可以給人一種行走的錯覺，而實際上是停留在一個地方，原地走路；看起來似乎在奔跑，但沒有離開地面；他可能看起來在爬梯子、走樓梯、走鋼絲、推、拉重物、靠在柵欄上、拔河、騎自行車或划船。

舞台上只有他一個人：沒有道具，沒有布景，只有他自己。這些幻覺不是為了自己展示而練習的，而是因為故事中的角色在講述的故事過程中可能不得不做其中任何一個動作。默劇訓練是培養協調能力的絕佳方式，一旦你掌握了其中的幾個，你就會為此著迷。

身體的感官記憶

默劇在處理故事中出現的所有想像的物體時，會使用感官記憶。也就是說，他必須記住真實物體的樣子、感覺、氣味、聲音或味道，甚至是顏色，並且必須像真實的一樣重新創造它的虛擬形象。

如果他拿起一個虛構的瓶子，就必須保持真實瓶子的形狀、重量、質地等。他必須利用手中的所有肌肉張力來處理虛擬物體，演員必須張開比瓶子大的手勢，然後將手合在瓶子上才能抓住它，用完後必須鬆開，並且要小心不要讓手從瓶子裡飄過，因為瓶子占據的空間，手是無法存在同樣的空間，一旦瓶子回到桌子上，就不能侵犯瓶子的空間，他會一直存在那兒。如果創建了一張桌子，就不能穿過它，但可以撞到它。不得侵犯舞台上創造的任何虛擬實物；必須表現得好像它是真實的一樣。如果默劇表演在吃飯，越能憑想像嗅到和嚐到想像中的食物，對觀眾來說就越真實。如果他應該看一棟建築、一艘船或其他任何東西，他越能在腦中想像它，而給觀眾的形象衝擊就會越生動。

顯然，這與任何戲劇表演都有直接關係，因為場景從來都不是真實的。對虛構物的掌握，就要從真實世界中的實際物體開始練習，這樣表演虛構物體時才會更加清晰。

虛擬物體的揣摩與想像

有一個處理虛擬物體的概念，即是讓自己投影到物體中，或是成為物體的一部分，更或是物體本身。

如果有人想像用掃帚掃地，那人會變成掃帚，也許腿和腳會掃地；你可以抓住想像中的門把，也可以將膝蓋抬到胸前，小腿指向對手，然後將腿變作槍桿，扣動小腿上的扳機，每次射擊時將腳向前猛擊。你也可以變成一個彈跳的球、一把剪刀、一台洗衣機，或者甚至是一塊在平底鍋裡煎的培根。

在做這些事情時，我們不僅要捕捉物體的物理性動作，還要捕捉物體在有意識的情況下可能具有的態度。洗衣機可能會對放入其中的髒衣服做出反應，並且可能會在將肥皂粉倒入其中時打噴嚏……等的反應，就是將物體擬人化演出。

模仿動物

默劇演員練習動物角色動作，是為了訓練具有動物特徵的人物刻畫。練習成為動物，試圖找到盡可能多的動物會做的事與動作，嘗試創造面部表情的變化，最重要的是，試圖找到動物的態度。然後將動物進化成一個具有相似身體習慣和態度的人。

例如，他可能是一隻貓：貓會做什麼？牠慢條斯理地每走一步就抬起肩膀，伸展，自在地用前腳掌洗臉，或是瘋狂激動地玩打著一根繩子、乖乖地蹲下、渴望地舔嘴、迅速地猛撲……等等。

像動物一樣的人會做同樣的事情，經過修改而內化成為角色。洗臉可能會變成擦嘴的小動作，態度就得像貓一樣。如果你在做一個類似鳥的角色：牠可能會用眼睛銳利地環顧四周，牠也可能會顫抖，牠可能會用下巴撓肩膀（翅膀）……等等。這些類似動物的角色可以應用於默劇中的角色上，用來讓角色變得有趣和生動；這是對任何類型的劇場，進行表面象徵的最有價值的工具。

跌倒

默劇技巧的其中一環是練習「跌倒」，如果在一場演出中需要演出「跌倒」，就必需要小心安全，不傷到自己。沒有任何人有任何的理由在舞台上跌倒時應該受傷，譬如在許多的演出中，很多角色是必須死亡的，或是虛弱的，或是被絆倒。

我們也必須練習一拐一拐的走路方式，步履蹣跚的走路方式，喝醉的走路方式，直到以上這些方式，全變成了演員演出時熟悉的身體詞彙，並且內化後，他才能在需要時，隨時從資料庫中叫出來使用。

在訓練的過程中，我們會要求學員先站得直挺挺的，然後突然放掉全身的力氣，像是海綿一樣的軟，然後身體就會像是自由落體般地癱軟掉到地上，每一次的動作都不會一樣，當然這樣的訓練就特別需要注意安全。

有效率的肢體展演

默劇在表演中可以用最少的力量展現；默劇演員盡可能地保存他的能量。這並不意味著他的表演力量小或是表演力量很大，因為消除了所有無關的動作，只表演了故事所需的最低限度肢體動作。

比方說走路，總是用最簡單的肢體走路，沒有過多冗長繁雜的肢體動作，當他移動身體的一部分時，其餘部分保持靜止，直到需要動時才會動，學會不動和學會動是一樣的重要。

簡單的手勢更具有戲劇性：如果整個身體靜止，只轉動眼睛，或者只是移動一根手指，那麼所有的注意力都集中在這個小動作上，非常具有戲劇張力。

如果身體四處走動，幾個部分同時運動時，眼睛一轉，誰也不會注意到眼睛的轉動，轉動眼睛這個動作就會失去意義。

然而身體靜止，只轉動眼睛就會更戲劇化，信不信由你，我見過最大的劇院，陽台頂排最後一個座位上的人依然會看見演員的眼睛轉動。

默劇與文字

默劇演出時不會使用旁白，因為是多餘的，就像是要演員演想哭，結果演出中說出：「我好想哭，」是一樣的道理，「想哭」只須用演的，根本不必用說的。默劇應該要使用超越文字的肢體，表現出文字中未包含的意象，或者傳達與文字不同的意涵，這應該超過單獨的文字敘述。旁白可能會說：「從前有一個小女孩……」動作就必須表明一個小女孩是什麼樣的人，她在做什麼，她的行為方式，與他人的關係，她的態度是什麼？她的特點是什麼？如果敍述者作為角色說「我想我去」，同時演員就會指著自己的胸口，指著自己的頭，又指著自己的胸口，指著台下，他會按照字面上的意思去做動作。

但在默劇中，如果敍述者說，「我想我會去」，默劇演員會走去門口，然後轉頭回來吃一塊餡餅，再去門口，又折回來吻女孩，然後打包午餐，再回頭看看那個女孩，轉頭走向門口，然後被門檻絆倒。

同樣的原則也適用於唱歌時的手勢。這位歌手在唱關於他的心、他的思念時，從字面上指向他身體的各個部分，然後指著代表希望的太陽和台下心儀的女孩……以上不僅是多餘的，而且是可笑的。或者更糟的是，在一首嚴肅的歌曲中，表現得滑稽或有趣。唱歌時的手勢要輕鬆、自然、簡單，結合人物和情境；但是，如果您做的手勢與詞的含義相同，則它通常應該放在詞之前，而不是之後，因為手勢比舞台上的詞力量更強大。

劇名：露天咖啡館之歌

故事是敘述一位在露天咖啡館工作的服務員，因為對異性的渴望，見一個愛一個，一天他鼓起勇氣上前，邀請女子跳舞，卻一直被拒絕，甚至有人甩他一巴掌，罵他變態，終於，有一名女子欣然答應了，他欣喜若狂與女子跳著舞，卻沒想到女子的舞步笨拙，兩人頻道不對無法配合腳步，頻頻踩到他的腳，他想生氣卻苦於她是唯一願意和他跳舞的人，所以繼續跳下去，但一個下腰，才發現女子太重了，一個重心不穩將女子摔到了地上，他輕拍女子臉頰，想叫醒她，卻怎樣也叫不醒，索性用力一踢，女子拋飛遠方，他尷尬得繼續他的服務員工作，像是什麼事都沒發生一般。

隱藏在這故事背後的精神是，要在對的時機遇見對的人，感情才會開花結果，在不對的時機就算有機會，也只是虛晃一招而已。

劇名：自由

故事是這樣的，一個人在無法承受感情、友誼、課業壓力的狀況下，他以為的自由就是離開人世，其實那是逃避。他從口袋抽出一刀，刺向自己的胸口，撥開胸膛，將自己的心拿了出來，輕輕地撫摸著受傷的心，然後將傷心與自己的屍體拋向天際；他看著自己的屍體，然後落下一滴淚珠，才發現，其實可以有更好的方式對待自己，於是他從夢中醒來，繼續過著他應該過的日子。

這故事的背後隱藏著的含義是，不要輕易地去做決定，你其實可以選擇善待自己。

劇名：放手（Drop hands）

敍述一個普通人樸實地生活著，某一天，他中了樂透之後的心境轉折，大喜之後的悲傷隨即而至，因為他很快地將獎金花完了，他再也回不去當初的工作，再也無法過著以往樸實的生活，一切都是過往雲煙。

這故事背後的含義：是要喚起人們對於「未準備好」這件事深深地反省，如果你是一個未準備好中一億獎金的人，你在突如其來的獎金背後只會暴露出奢華與奢侈的慾望，最終將敗在奢豪的揮霍上，當錢用盡時，再也回不到當初的自己，當初守本分一日過一日的自己；這就是我這齣戲所要傳達的精髓所在。

劇名：失眠的夜

故事是這樣的：上班了一天回到家裡，拖著疲憊的身軀，很快地胡亂淋浴一下，倒頭就睡，但是夜裡寧靜得出奇，牆上時鐘秒針跳動的聲音越來越清楚，聲音被放大了，只好努力起身拔掉了所有的電池，終於，秒針聲音停止了，躺在舒服的枕頭上，才一閉眼，廁所傳出水滴聲，我在床上翻來覆去，水滴聲越來越清楚，我用枕頭摀住耳朵，還是沒用，張開滿是血絲的雙眼，拖著沈重的步伐，將水龍頭拴緊，再度回到床上，以為事情終於告一個段落了，此刻，窗外傳來貓叫春，甚至貓打起架來，我只好氣得將拖鞋丟了過去，貓哀嚎一聲，離開了。終於，可以好好地睡一覺了，才剛躺下去不到十秒，鬧鐘響起，又是該上班的時刻了，我已經瀕臨崩潰邊緣，穿好衣服，打好領帶，上班去，一天就這樣疲憊地開始了。

這故事背後傳達的含義是，你永遠不知道會發生什麼事？只能亦步亦趨地逐項完成，生活再怎麼苦，還是必須好好地過下去。

劇名：老公的沐浴

老公拖著疲憊的身軀下班回家，拿出鑰匙打開大門，回到家中，放了公事包，脫下全身衣物，穿上浴袍，走到浴室，放洗澡水，想要好好地洗個熱水澡，他回到客廳開了瓶紅酒，倒了一杯，細細品味著，然後拿著紅酒杯回到浴室。

先用腳尖點了水一下，試水溫，沒想到是一陣熱呼呼的感覺，全身抖了一下，慢慢地適應水溫後，將腳放入熱水中，一陣爽快感浮現心中，臉上現出愉悅的表情，慢慢地嘗試坐入浴缸裡，爽快之感油然而生，他在浴缸裡突發奇想地開始游泳，先是自由式，然後變成蛙式，拿起游泳小鴨，正玩得起勁時，手機響起。

老公不情願地起身，沒想到，鈴聲卻停止了，他乾脆拿起手機，哆嗦著身子，再次回到浴缸中，水溫還是暖的，他放鬆了心情，將手機放在浴缸旁，拿起紅酒杯喝了一口酒，整個人放鬆了。

手機再度響起時，他不慌不忙地拿起手機，手機卻因為太滑沒拿穩，掉進了浴缸裡，電話停止了響聲，他急忙撈起手機，卻已經來不及了。

他又是一陣哆嗦寒顫，浴缸的水已經變成冷水，他無奈，只能起身將身體擦乾，穿上浴袍，又試了一次手機，還是無法開機，他拿起紅酒杯，回到客廳打開電視，是勁爆的電子樂，他脫下浴袍，想奔放一下跳支舞，沒想到老婆生氣地打開大門，老婆見狀嚇得尖叫一聲。

老公也嚇得遮遮掩掩，趕緊穿上浴袍，安慰著老婆，給她深深的一吻。

劇名：老婆的晚餐

老婆看了一下錶，準備晚餐的時間到了，於是開了一瓶紅酒，倒了一杯，先啜一口，幸福地想著今晚該做什麼晚餐。打開冰箱，拿了三顆蛋，一把青菜，一塊牛排。

她一飲而盡紅酒，帶著些許的醉意決定先煎蛋，一顆蛋打進鍋裡，邊笑邊煎著蛋，好不快樂，她翻著鍋裡的蛋，第一顆完成裝盤，第二顆，卻越拋越高，越來越 High，終於順利完成，也裝盤，第三顆拋蛋翻鍋時，一個不小心，蛋掉到了地上，但因為有些醉了，她笑著鏟起雞蛋，放回鍋裡，繼續煎，然後裝盤，三顆蛋全上桌。

此時老公回家，老婆開心地餵了一口荷包蛋給老公，發現老公的表情變了，覺得奇怪，於是自己吃了一口，居然蛋裡有一根很長的頭髮，老婆尷尬地苦笑著。

演出經歷

電視廣告演出

《聯合電子報 開始上線》、《大信證券 特務篇》、《SUNTORY WHISCKY 街頭表演篇》、《中興百貨 折衣篇》、《國泰人壽 拖吊篇》、《B&Q 烤肉架》、《B&Q 特力屋 冷氣》、《福特汽車 小偷篇》、《中國信託 千禧年篇》、《中國信託中油聯名卡 救護車篇》、《台北銀行 吉時樂》、《台北銀行 樂透彩》、《IKEA 2001 新目錄 牙醫篇》、《肯德雞 墨西哥雞肉捲》、《統一吸飲 凍咖啡 公車篇》、《全家便利商店 冬季熱飲》、《空中英語教室 羨慕篇》、《萬歲牌開心果 堅果系列 佳節送禮》、《福特汽車 代客買單篇》、《GIGA ADSL 宿舍篇》、《GIGA ADSL 神祕客》、《GIGA ADSL 7-11 上市》、《遠傳電信 VIP888》、《聯強國際 得獎篇》、《中華電信 八卦山大佛》、《大西洋乳酸菌綠茶 算命師篇》、《屈臣氏 小狗篇》、《屈臣氏 頭給你篇》、《匯豐銀行 MYEASY 貸—不要隱藏之買古董車篇》、《LAY'S 樂事洋芋片 廚師篇》、《乳酸菌綠茶+配音》、《家樂福 母親節篇》、《家樂福 搶購篇》、家樂福 中元普渡篇》、《無敵 CD859 PRO 電腦辭典》、《家樂福 中秋節烤肉篇》、《可樂果 搶匪篇》、《男女開車大不同網路廣告》、《金利便網路廣告回收桶篇》、《公益廣告》、《線上遊戲廣告》、《沒有國哪裡會有家，沒長秒版哪來上片版 萬泰靈活卡 孝子特工 導演珍藏版》

MV 演出

蘇芮、何欣穗《HOLIDAY》、蘇慧倫《懶人日記》、柯以敏《愛你勝過我自己》、王仁宏《小狗不要跟著我》、童安格《第七年》、梁靜茹《我們就到這》、王力宏《我真的沒有任何理由理你》、《周杰倫 鞋子特大號》。

電影演出

一．導演：余聖儀。片名《虛弱》

二．導演：李芸嬋。片名《人魚朵朵》

三．導演：Jimmy。片名《樂之路》

四．導演：葉天倫。片名《雞排英雄》

電視劇演出

一九八六公共電視《空中張老師》、一九八六公共電視 國民中學生活教育錄影帶、一九八七華廣傳播 軍教片、一九八八公共電視 一季 默劇表演、一九九五《繞著地球跑》旅遊短劇、二〇〇〇台視 關懷老人系列、

二〇〇一 公共電視《文學風景 陳雪篇 手》、二〇〇二金馬獎開幕《請勿使用大哥大影片》、二〇〇二金馬獎 獎項分類片頭、二〇〇二《嗨！上班女郎》、二〇〇三電視劇《天下無雙》、二〇〇五公共電視《偵探物語 第二十八集 夏日聖誕》、二〇〇五 偶像劇《愛沙十七》第十集。

舞台劇演出

莎士比亞的妹妹們的劇團：《一桌二椅》、《天使塵埃》、《Zodiac》、《低音十三分之七拍譜》

河左岸劇團：《虛構飛行》（耕莘小劇場）、《妻夢狗》、《童話公路施工中》、《星之暗湧二〇〇〇》、《童話公路 PLUS》、《百夜詞》

皇冠劇廣場密獵者劇團：《貝克特無言劇》、《早安夜車第一版》

外表坊時驗團：《早安夜車第二版》、《早安夜車第三版》（北京北劇場演出）

皇冠舞蹈空間：《稍縱之間》（台北社教館與美國費城演出）

台灣絃樂團：《飛行狗的任務》、《放手》（Drop Hands）

默默之路——華麗登場，斑馬先生的奇幻試煉

作　　者：王仁千
主編 / 設計：王仁千
責任編輯：林慧美
校　　稿：尹文綺

發行人兼總編輯：林慧美
法律顧問：葉宏基律師事務所
出　　版：木果文創有限公司
地　　址：苗栗縣竹南鎮福德路 124-1 號 1 樓
電　　話：（037）476-621
客服信箱：movego.service@gmail.com
官　　網：www.move-go-tw.com
總 經 銷：聯合發行股份有限公司
電　　話：（02）2917-8022　傳真：（02）2915-7212
製版印刷：禾耕彩色印刷事業股份有限公司
初　　版：2023 年 6 月
定　　價：420 元
I S B N：978-626-96731-5-5

Printed in Taiwan

國家圖書館出版品預行編目（CIP）資料

默默之路——華麗登場，斑馬先生的奇幻試煉 = La route du silence / 王仁千著 . -- 初版 . -- 苗栗縣竹南鎮：木果文創有限公司，2023.06

240 面；16.7*23 公分 . -（Great 經典；6）

ISBN 978-626-96731-5-5（平裝）

1.CST：王仁千　2.CST：傳記

783.3886　　112006201